어둠 속에 부르는 노래

어둠 속에 부르는 노래

지은이 | 최병락
초판 발행 | 2020. 9. 16
2쇄 발행 | 2020. 10. 28
등록번호 | 제1988-000080호
등록된 곳 | 서울특별시 용산구 서빙고로 65길 38
발행처 | 사단법인 두란노서원
영업부 | 2078-3352   FAX | 080-749-3705
출판부 | 2078-3331

책값은 뒤표지에 있습니다.
ISBN 978-89-531-3853-7 03230   Printed in Korea

독자의 의견을 기다립니다.
tpress@duranno.com   www.duranno.com

어둠 속에
부르는 노래

아무것도 할 수 없지만
모든 것을 할 수 있는 자처럼

최병락 지음

40th
두란노

목 차

4장　은혜를
노래할 때

몇 해 전 미국 콜로라도 애스펀(Aspen)에 방문했습니다. 그곳은 세계에서 별이 가장 잘 보이는 곳입니다. 아침부터 저녁까지 이어진 세미나를 마치고 애스펀에 당도했습니다. 이윽고 기다렸던 밤이 찾아왔습니다. 일행과 별을 보기 위해 밖으로 나와 밤하늘을 올려다보았습니다. 그 순간 약속이라도 한 듯 일제히 탄성을 질렀습니다. 그렇게 아름답게 빛나는 별을 본 적이 없기 때문입니다. 금방이라도 쏟아질듯 빛나는 별들이 콜로라도 애스펀의 어둠을 밝히고 있었습니다.

밤이 깊을수록 별은 더욱 밝게 빛납니다. 어떤 어둠도 빛나는 별빛을 가릴 수는 없습니다. 빛을 이기는 어둠은 없기 때문입니다. 빌립보서는 어둔 밤을 비추는 별빛과 같은 편지입니다. 감옥에 갇힌 바울은 풀려날 기미조차 보이지 않습니다. 바울과 함께 바울이 전하던 복음마저 멈춘 것처럼 보이는 절체절명의 순간입니다. 하나님도 바울을 떠나신 것 같기에 바울을 후원하던 빌립보교회는 충분히 근심할 만한 상황이었습니다.

그런데 어둠 속에 써내려 간 빌립보서는 별빛처럼 아름답게 빛납니다. '기쁨의 서신'이라는 별칭처럼 바울은 시종일관 기쁨을 노래합니다. 감옥에서 바울은 오히려 형제들에게 내가 당한 일이 도리어 복음 전파에 진전이 되었다고 감격하며 외칩니다(빌 1:12). 바울은 감옥 안에 있는 듯 보이지만 사실은 주 안에 있었습니다.

빌립보서를 통해 기쁨은 환경에서 오는 것이 아님을 배웁니다. 우리의 환경이 멈추었다고 하나님도 멈추신 것이 아님을 배웁니다. 우리 인생길이 곡선처럼 보여도 하나님의 관점에서는 직선이고 지름길일 수 있음을 배웁니다.

바울은 아무것도 할 수 없는 상황에서도 내가 모든 것을 할 수 있다고 노래하며 그 비결을 우리에게 가르쳐 줍니다. 염려투성이의 감옥 안에서 아무 염려 없이 사는 법도 가르쳐 줍니다.

바울은 감옥 안에서 감옥 밖에 있는 사람들을 향해 기뻐하라고 외칩니다. 가장 어두운 순간이 찾아올 때는 눈물 흘릴 때가 아니고 감사해야 할 때이며, 가장 절망의 순간이 찾아올 때야말로 기쁨의 노래를 부를 때라고 빌립보서는 우리를 향해 역설의 신비를 선포합니다.

세상이 많이 어둡습니다. 온 세상을 뒤덮은 전염병의 어둠이 도무지 물러날 기세를 보이지 않습니다. 교회는 고립되고 성도들의 발은 묶여 있습니다. 감옥 안에 있는 바울의 처지와 비슷합니다. 예배도 멈추고 사역도 멈추고, 모든 것이 멈춘 것처럼 보이는 현실입니다. 그러나 우리가 아는 한 가지 사실이 있습니다. 이런 상황에서도 하나님은 결코 멈추지 않으신다는 사실입니다. 오히려 하나님이 우리를 향해 이렇게 말씀하시는 것 같습니다. "너희는 가만히 있어 내가 하나님 됨을 알지어다"(시 46:10).

코로나 블루가 심해지고 있습니다. 장기화되는 전염병이 만들어 낸 우울증입니다. 끝이 보이지도 않습니다. 어쩌면 우리는 애프터 코로나(After Corona)가 아닌 코로나와 일상을 함께하는 위드 코로나(With Corona) 시대를 살게 될 지도 모릅니다. 그러나 우리는 분명히 알아야 합니다. 그리스도인은 코로나와 함께 사는 것이 아니라 주님과 함께 살아가는 것임을 말입니다.

끝이 좀처럼 보이지 않는 암울한 현실 한가운데서 빌립보서는 "너희 안에서 착한 일을 시작하신 이가 그리스도 예수의 날까지 이루실 줄을 우리는 확신하노라"(빌 1:6)는 소망을 전해 줍니다. 상황이 변하지 않아도 우리 안에서 작정하고 일하시는 하나님의 계획은 지금도 한 치의 오차 없이 이루어지고 있습니다.

책이 나오기까지 수고해 준 두란노 식구들에게 깊이 감사합니다. 한결같은 마음과 성실함으로 기도를 아끼지 않은 강남중앙교회 식구들에게도 감사합니다. 부모를 한국으로 파송하며 꿋꿋하게 살아가는 딸과 아들, 그리고 박사 과정의 고단한 학업 중에도 신실하게 동역해 준 아내에게도 고마움을 표합니다. 모든 영광은 오직 하나님께 돌려드립니다.

2020년 9월

최병락 목사

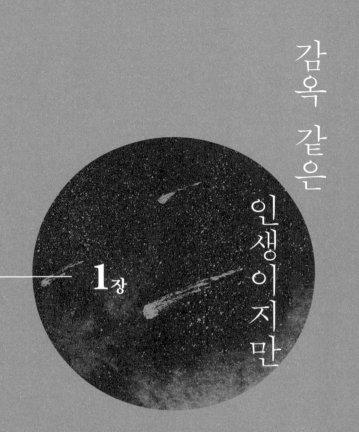

감옥 같은

인생이지만

1장

1. 주 안에 있는 나에게

하나님 우리 아버지와 주 예수 그리스도로부터
은혜와 평강이 너희에게 있을지어다
빌립보서 1:1-2

생각만으로도
기쁨이 충만합니다

생각하면 기분 좋고 미소 짓게 되는 사람이 있습니다. 반대로 생각만으로 근심이 되는 사람도 있습니다. 목회자에게는 교회가 그렇습니다. 생각하면 근심이 되는 교회가 있고, 머릿속에 떠올리기만 해도 기쁘고 미소 짓게 되는 교회가 있습니다. 저도 많은 교회에 초청받아 가 보았지만 그중 유난히 기억에 남고 기분이 좋아지는 교회가 있습니다. 극진한 환대와 사랑을 받았던 교회는 지금도 그립습니다.

바울에게 빌립보교회가 바로 그런 교회였습니다. 요즈음 '연관 검색어'라는 말을 많이 씁니다. 특정 검색어를 검색창에 입력했을 때 그와 관련되어 나오는 키워드입니다. 그러면 바울에게 빌립보교회의 연관 검색어는 무엇이었을까요? '기쁨'입니다. 바울이 빌립보교회를 생각하면 제일 먼저 떠오르는 단어가 '기쁨'이었습니다. 빌립보서에는 '기쁨'이라는 단어가 명사로 6회, 동사로 12회, 총 18회 나옵니다. 4장으로 구성된 빌립보서에 같은 단어가 18회나 나오는 것을 보면 그 편지는 온통 기쁨으로 가득 차 있다 해도 과언이 아닐 것입니다.

빌립보서가 다른 바울 서신과 뚜렷하게 다른 점은 특별한 목적 없이 쓴 글이라는 것입니다. 갈라디아서, 로마서, 고린도전후서, 디모데전후서 등은 모두 바울이 뚜렷한 목적을 가지고 편지를 썼습니다. 변질된 복음을 교정하거나 병든 교회 생활을 정화하거나, 목회를 위한 자세를 알려 주는 것처럼 말입니다.

그런데 빌립보서는 바울이 뚜렷한 목적 없이 글을 써 내려갔습니다. 누군가 전화를 걸 때 목적이 있어서 연락하는 사이와 특별한 일 없어도 그냥 전화를 거는 사이 중 어느 사이가 더 가까운 사이일까요? 그냥 연락하는 사이가 진짜 가까운 사이입니다. 바울에게 빌립보교회는 그냥 보고 싶은 교회, 특별한 일 없어도 연락하고 싶은 교회였습니다.

물론 전혀 목적 없이 쓴 편지는 아닙니다. 빌립보교회에서 파송해서 바울의 옥바라지를 해 준 선교사 에바브로디도를 돌려보내면서 그의 수고를 기록해 주고, 자기를 도와준 것에 감사를 표현하고, 교회 안에 조금씩 일어나는 분열의 문제를 교정해 주려는 목적도 있었습니다. 하지만 빌립보서의 전체적인 내용과 분위기는 빌립보교회 성도들에게 전하는 감사와 찬양으로 가득 차 있습니다.

빌립보서는 바울이 로마 감옥에 1차 투옥되었던 AD 61-63년 사이에 기록되었습니다. 빌립보서는 에베소서, 골로새서, 빌레몬서와 함께 바울이 로마 감옥에서 쓴 옥중서신입니다. 바울이 빌립보서를 쓸 때는 빌립보교회를 개척한 지 10-12년이 넘어가던 때였습니다. 10년이 넘도록 빌립보교회는 바울을 신뢰하며 신실하게 복음의 동역자로 섬겼던 것입니다. 바울이 감옥에 갇혀 더 이상 복음을 전하지 못하게 되었다고 후원을 끊거나 차갑게 등 돌린 것이 아니라 오히려 에바브로디도를 선교사로 파송해서 바울의 옥중 생활을 돕도록 한 놀라운 교회였습니다.

예수 안에서 낮아지고
공동체 안에서 높아집니다

바울이 그런 고마운 빌립보교회에게 편지를 쓰면서 처음 전한 말은 무엇이었습니까?

"그리스도 예수의 종 바울과 디모데는 그리스도 예수 안에서 빌립보에 사는 모든 성도와 또한 감독들과 집사들에게 편지하노니"(빌 1:1).

평범한 구절처럼 보이지만 특별한 점이 있습니다. 바울이 다른 서신에서 발신자를 밝힐 때 의도적으로 사용했던 '사도'라는 직분을 쓰지 않았다는 것입니다. 이유가 무엇일까요?

바울은 당시 대다수의 교회에서 사도권을 의심받거나 열두 사도보다 저평가되었기 때문에 편지를 쓸 때 자신의 권위와 위치를 나타내기 위해 '사도'라는 단어를 사용했습니다. 그런데 빌립보서에서는 사도라는 단어가 등장하지 않습니다. 그 이유는 빌립보교회 성도들에게 충분히 사도로 인정받고 존경받고 있었기 때문입니다. 바울이 리더십을 주장할 필요가 없는 것은 빌립보교회에서 먼저 세워 주었기 때문입니다.

제가 미국 세미한교회를 사임하고 떠나게 되었을 때 인수인계 기간 동안 성도들에게 강조하며 가르쳤던 것은 새로 부임하는 담임목사님을 대하는 태도였습니다. 유난히 젊은 목사님이 부임하기 때문에 디모데가 에베소교회에서 겪었던 고충을 겪게 될 것을 미연에 방지하기 위해 담임목사님을 리더로 대하는 태도를 무척이나 강조했습니다.

몇 달 후 세미한교회를 다시 방문하게 되었습니다. 그때 성도들이 제 앞에서 새로운 담임목사님을 "우리 담임목사님"이라고 얼마나 열심히 부르는지 모릅니다. 저랑 가까웠던 한 성도는 제게 이렇게 말하더군요. "최병락 목사님, 우리 담임목사님과 함께 식사 한번 하시죠." 제 간절한 부탁처럼 전 성도가 마음을 활짝 열어서 새로운 목사님을 우리 목사님으로 맞이한 것입니다.

저도 마찬가지로 새로 부임한 교회에서 과분한 사랑과 존중을 받고 있습니다. 이렇게 리더를 인정해 주고 존중해 주는 공동체에서는 굳이 힘을 주어 자신의 존재감을 과시할 필요가 없습니다.

바울과 빌립보교회도 그런 관계였습니다. 빌립보교회는 바울이 굳이 사도권을 강조하지 않아도 그를 사도 중의 사도로 높여 준 교회였습니다. 그러니 편지의 첫머리에서 스스로 자신을 높일 이유가 없어서 별다른 수식어 없이 "그리스도 예수의 종 바울"이라고 낮추어 쓴 것입니다.

빌립보교회는 자주 장사 루디아, 귀신 들렸던 여종, 하급 관리 간수와 그의 가족들로 시작되었습니다. 끝까지 큰 규모의 교회로 자라지는 못했지만 작은 거인이라고 말해도 될 만큼 단단한 교회가 되었습니다. 빌립보서 수신자를 보면 "빌립보에 사는 모든 성도와 또한 감독들과 집사들에게"(빌 1:1)라고 나옵니다. 빌립보교회에는 성도도 있었고, 리더인 감독들도 있었고, 살림을 맡아서 하는 집사들도 있었습니다. 그뿐 아니라 에바브로디도와 같은 선교사까지 파송하는 내실 있는 교회가 되었던 것입니다.

은혜와 평강이 함께하기를
기도합니다

빌립보교회를 향한 바울의 인사말은 더 이어집니다.

"하나님 우리 아버지와 주 예수 그리스도로부터 은혜와 평강이 너희에게 있을지어다"(빌 1:2).

이 말씀에서 우리의 눈을 의심케 만드는 단어가 나옵니다. 바로 '은혜'(카리스)와 '평강'(에이레네)이라는 단어입니다. 감옥 안에서 자유가 박탈된 사람이 감옥 밖에서 자유롭게 살아가는 성도들에게 '은혜'와 '평강'을 전하고 있기 때문입니다.

감옥 밖에서 감옥 안으로 전해 주어야 할 단어가 은혜와 평강인데, 반대로 감옥 안에서 감옥 밖으로 배달하고 있습니다. 지금 누가 누구에게 은혜와 평강을 전한단 말입니까? 은혜와 평강은 감옥 안에서는 어울리지 않는 단어입니다. 감옥 안에는 '원통함, 복수, 절망, 한숨, 증오'와 같은 단어들이 수북이 쌓여 있습니다. 그런데 바울은 감옥 안에서는 결코 찾아볼 수 없는 단어를 찾아 빌립보교회 성도들에게 보내고 있습니다.

좌절과 한숨, 두려움과 염려의 단어들로 가득 찬 창살 없는 감옥 같은 인생을 살면서 어떻게 은혜와 평강이라는 멋진 단어를 고백하고 노래하며 나눌 수 있을까요? 우리는 바울에게서 그 비결을 찾아내 배워야 합니다.

빌립보서는 옥중서신이지만, 사실 감옥 안에서 쓴 편지가 아닙니다. 바울은 로마 감옥에 있던 적이 없었다는 말입니다. 다른 사람이 볼 때 바울은 감옥 안에 있었지만, 정작 바울은 감옥 안에 있었던 것이 아니라 '주 안에'(En Xristos, In Christ) 있었다고 고백합니다. 그래서 빌립보서는 '옥중서신'이 아니라 '주중서신'입니다.

앞서 나왔던 바울의 고백을 다시 주목해 봅시다.

"그리스도 예수의 종 바울과 디모데는 그리스도 예수 안에서 빌립보에 사는 모든 성도와 또한 감독들과 집사들에게 편지하노니"(빌 1:1).

언제나 주님 안에 있었기에 그곳이 감옥이든 빈들이든, 사막이든 바다 한가운데든 상관없이 '은혜'와 '평강'이라는 단어를 사용할 수 있었던 것입니다. 주님 안에 있다는 것을 알고 있는데 은혜와 평강을 어떻게 잃어버릴 수 있겠습니까? 주님 안에 있으면 주님이 나를 지키시는데 무엇이 두렵겠습니까?

저는 바다를 무서워합니다. 바다에 들어가면 상어가 와서 다리를 물어 버릴 것 같은 두려움 때문입니다. 그런데 몇 해 전 가족이 함께 미국 플로리다의 디즈니랜드에 갔습니다. 그곳에서 아이들에게 큰 수족관을 구경시켜 주고 싶어 들어갔습니다. 그 수족관은 투명 파이프처럼 길이 나 있는데 서서 보면 사방이 바다입니다. 그곳을 걸어가는데 마치 바다 한가운데로 길이 나 있는 듯했습니다.

얼마쯤 걷다 보니 제 앞에 드디어 그렇게 무서워하는 백상아리 상어가 지나갔습니다. 바로 옆에서 제 걸음 속도에 맞춰 헤엄치던 상어는 순식간에 입을 벌리고 제게 달려들었습니다. 그러나 하나도 무섭지 않았습니다. 저는 바다 안에 있는 게 아니라 유리관 안에 있었기 때문입니다. 그것을 생각하니 그 무서운 상어가 무섭지 않았습니다. 여유롭게 지나다니는 상어를 감상하기까지 했습니다. 바로 감옥 안에 있었지만 감옥 안에 있지 않고 주님 안에 있었던 바울의 모습이었습니다.

이것을 깨닫게 될 때 자연스레 알게 되는 또 하나의 성경 구절이 있습니다.

"네가 물 가운데로 지날 때에 내가 너와 함께할 것이라 강을 건널 때에 물이 너를 침몰하지 못할 것이며 네가 불 가운데로 지날 때에 타지도 아니할 것이요 불꽃이 너를 사르지도 못하리니"(사 43:2).

주님 안에 있는 사람만 경험할 수 있는 기적입니다. 모든 사람이 경험하는 일반 은총이 아닙니다. 주님 안에 있으니 물불이 어찌 우리를 이기겠습니까? 잠수함 안에 있는데 물이 두려울까요? 그런데 잠수함 안에 있던 사람이 뚜껑을 열고 잠수함 밖으로 나오는 순간 그 자리에서 죽고 맙니다. 잠수함 안에 있으면 안전한 것처럼 주님 안에 있는 사람은 안전합니다. 주님 안에 거하는 것이 답답하고 불편해서 자유롭게 살고 싶다고 주님 밖으로 나오는 순간 우리 힘으로 아무것도 할 수 없는 무능한 존재가 된다는 것을 기억해야 합니다.

주님 안에서 살고 있는지, 주님 밖에서 살고 있는지 바로 알 수 있는 방법이 있습니다. 우리의 언어를 보면 됩니다. 주님 안에 있을 때 쓰는 언어와 주님 밖에 있을 때 쓰는 언어가 다릅니다. 바울이 감옥 안에서도 감옥의 언어를 사용하지 않은 것은 그 순간에도 주님 안에 있었기 때문입니다. 우리가 은혜와 평강과 비슷한 단어를 많이 쓰고 있으면 틀림없이 주님 안에 있는 것이고, 한숨과 걱정하는 소리, 닦달하고 짜증내는 소리가 많다면 주님 밖으로 나온 것입니다.

'죽겠다'는 단어가 주님 안으로 들어가면 '주께 있다'로 바뀝니다. '자살'이라는 단어가 주님 안으로 들어가면 '살자'로 읽힙니다. 'Impossible'이라는 단어가 주님 안으로 들어가면 'I'm possible'로 읽힙니다. '힘들다'는 말이 주님 안으로 들어가면 '다들 힘내'가 됩니다.

우리만 주님 안에 거하는 것이 아닙니다. 우리가 주님 안에 거하는 순간 주님도 우리 안에 거하십니다. 내가 주님 안에, 주님이 내 안에 계시는 역사가 일어나는 것입니다. 내가 주님 안에 거하는 동시에 주님이 내 안에 거하실 때 어떤 일이 일어납니까?

"너희가 내 안에 거하고 내 말이 너희 안에 거하면 무엇이든지 원하는 대로 구하라 그리하면 이루리라"(요 15:7).

주님 안에 거하기 바랍니다. 그러면 주님이 우리 안에 거하실 것이고 능치 못할 일이 없을 것입니다.

2. 포기할 이유가 없습니다

너희 무리를 위하여 기쁨으로 항상 간구함은
너희가 첫날부터 이제까지 복음을 위한 일에
참여하고 있기 때문이라
빌립보서 1:3-8

마음에 감사로
기억되는 사람이 있습니다

빌립보서를 묵상하고 연구하면서 바울에 대해 한 가지 확실하게 알게 된 것이 있습니다. 바울은 결코 무뚝뚝한 사람이 아니라는 것입니다. 바울을 만난 적은 없지만 그가 쓴 서신을 읽으면 대체로 근엄하고 엄격한 모습을 떠올리게 됩니다. 물론 바울에게 그런 모습이 없는 것은 아닙니다. 다른 바울 서신을 보면 "내가 다시 가면 용서하지 아니하리라"(고후 13:2)라는 표현도 나오니까요.

그렇지만 바울의 모습은 누구를 대하냐에 따라 달라지는 것 같습니다. 적어도 바울이 빌립보교회 성도들을 대하는 태도와 고백을 들어 보면 말입니다. 특히 본문을 보면 바울은 감수성과 표현력이 참 풍부한 사람입니다.

"내가 예수 그리스도의 심장으로 너희 무리를 얼마나 사모하는지 하나님이 내 증인이시니라"(빌 1:8).

연애편지에 마지막 문장으로 적으면 당장 결혼 승낙까지 받아낼 정도의 표현입니다. 바울이 빌립보교회 성도들에게는 왜 이토록 부드러웠던 것일까요? 이유는 간단합니다. 빌립보교회 성도들이 바울을 부드러운 사람으로 만든 것입니다.

목회자의 스타일은 성도들이 만들어 갑니다. 같은 목사님을 두고도 어떤 사람은 '인자한 분'이라고 말하는가 하면 또 다른 사람은 '냉정한 분'이라고 말하기도 합니다. 그 목사님이 이중생활을 하고 있는 것일까요? 그렇지 않습니다. 두 사람의 평가가 다른 것은 목사님과 맺은 관계가 다르기 때문입니다. 관계가 상대방을 대하는 태도를 결정하는 것입니다. 빌립보교회는 바울에게 기쁨을 주는 교회였고 고린도교회는 근심을 주는 교회였습니다. 태도는 관계에서 결정됩니다.

저는 세미한교회에서 16년간 목회하며 운영위원회나 사무처리회에서 한 번도 언성을 높이지 않았습니다. 세미한교회 2천 명 성도가 증인입니다. 왜 그랬을까요? 언성을 높일 이유가 없었기 때문입니다. 저는 어린 시절 고집불통 아이였습니다. 마음에 들지 않는 일이 있으면 아침에 시골집 뒷산 소나무에 올라가서 저녁때까지 내려오지 않았습니다. 이런 제 성질은 환경만 조성되면 언제든 나올 법한데 도무지 쓸 기회가 없었습니다. 성도들이 제가 성질부릴 기회를 주지 않고 오히려 제 마음을 부드럽게 만들었기 때문입니다.

바울에게 빌립보교회가 그랬습니다. 그 관계가 바울을 한없이 부드럽게 만들었습니다. 바울과 빌립보교회의 관계는 "내가 너희를 생각할 때마다 나의 하나님께 감사하며 간구할 때마다 너희 무리를 위하여 기쁨으로 항상 간구함은"(빌 1:3-4)에서 잘 설명됩니다.

생각만 해도 감사가 나오고 기쁨 안에서 기도하게 되는 것이 얼마나 복된 관계입니까? 목회자의 마음에 감사로 남는 성도가 되길 바랍니다. 목회자가 나를 위해 기도할 때 근심으로 기도하는 것이 아니라 기쁨으로 기도할 수 있기를 바랍니다. 이것이 성도가 누릴 수 있는 가장 큰 복이라고 생각합니다.

가장 큰 감사와 기쁨은
복음 안의 교제입니다

바울이 이처럼 빌립보교회를 좋아했던 이유는 무엇이었을까요?

"첫날부터 이제까지 복음에서 너희가 교제함을 인함이라"(빌 1:5, 개역한글).

바울은 감사와 기쁨의 가장 큰 이유에 대해 빌립보교회가 복음에서 교제하고 있기 때문이라고 말합니다. '복음에서 교제함'은 어떤 의미일까요? 여기에서 '교제'는 우리가 잘 아는 '코이노니아'입니다. 5절에서 사용된 '코이노니아'는 '동참, 동역, 공유'를 의미합니다. 따라서 복음에서 교제한다는 것은 '첫날부터 이제까지 여러분이 나의 복음 사역에 동참하고 있기 때문에 기쁘다'는 의미가 됩니다. 이것이 바울의 감사와 기쁨의 이유였습니다. 영어 성경에는 "Your partnership in the gospel from the first day until now"(NIV)라고 표기되었는데, 다른 주석에는 '복음의 확장을 위한 협력'으로 해석되었습니다. 이것이 '코이노니아'의 주된 목적입니다.

그런데 단지 그리스도인끼리 모여 교제한다고 모두 코이노니아인 것은 아닙니다. 그리스도인끼리 모여서 커피를 마실 수도 있고, 구역모임을 할 수도 있고, 전도회 식구들끼리 종일 이야기를 나눌 수도 있지만 이런 경우에 코이노니아를 사용해서는 안 됩니다. 그 모임이 '복음을 확장하는 데 협력하는 모임'이 될 때에만 코이노니아라는 용어를 사용할 수 있습니다. 선교사님을 위한 기도, 선교 협력 방법에 대한 구상, 전도 방향 논의 등 '복음 확장에 협력하는 모임'이 될 때 비로소 코이노니아가 됩니다.

교회에서 신실한 집사님들이 모여 몇 시간 동안 이야기해도 다른 이의 허물을 이야기하는 것으로 그 시간을 보냈다면 코이노니아가 아닙니다. 그 시간 동안 하나님의 영광이 드러나고, 복음을 전하기 위한 전략이 세워지고, 전도해야겠다는 마음이 일어나고, 돈을 모아 선교 헌금을 드리기로 결의한다면 그 모임에서 코이노니아가 이루어진 것입니다.

제가 목회하던 교회에 대가족이 있었습니다. 여덟 식구 모두 미국으로 이민 와서 달라스 인근에 정착해 살던 가족이었습니다. 매주 여덟 식구가 모여 예배를 드렸는데, 저도 몇 번 초대받아 가족 예배를 인도했습니다. 그들은 돈을 모아 선교 헌금을 드리고, 선교지에 학교를 세우기 위한 계획을 의논하기도 하고, 선교 훈련도 함께 받는 등 선교단체인지 가족 모임인지 헷갈릴 정도로 선교에 대한 열심을 보였습니다. 가족 모임이지만 코이노니아가 이루어진 것입니다. 이처럼 우리는 모든 모임을 복음 사역에 동참하는 코이노니아로 바꿀 수 있습니다. 모든 모임을 코이노니아 하는 것, 그것이 우리의 사명인지도 모르겠습니다.

빌립보교회와 바울의 관계는 단지 안부를 주고받는 관계가 아니라 함께 복음에 동참하는 코이노니아의 관계였습니다. 바울이 복음 사역을 더 잘할 수 있도록 모이면 기도하고, 선교비를 모아서 보내고, 에바브로디도 선교사까지 파송하면서 복음 사역에 동참했습니다. 한시적으로 한 것이 아니라 첫날부터 지금까지 했습니다. 그래서 바울은 자신 있게 빌립보교회와 자신의 관계는 진정한 코이노니아의 관계였다고 말하는 것입니다.

우리의 수많은 모임 중에 코이노니아가 이루어지는 모임이 있습니까? 교회에 나와 예배를 구경하고, 영상 속에 나오는 사역들을 보는 구경꾼이 아니라 복음 사역에 기도로, 물질로, 몸으로 동참하는 동역자가 될 때 교회와 우리 사이에 코이노니아가 시작될 수 있습니다.

복음 사역에 동참하여
은혜를 누리십시오

빌립보교회는 가난한 교회였습니다. 그런데 빌립보교회는 어떻게 첫날부터 지금까지 신실하게 복음 사역에 동참할 수 있었을까요? 어떻게 힘든 중에도 어려운 일을 멋지게 해낼 수 있었을까요? 그 이유에 대해 성경은 말합니다.

"내가 너희 무리를 위하여 이와 같이 생각하는 것이 마땅하니 이는 너희가 내 마음에 있음이며 나의 매임과 복음을 변명함과 확정함에 너희가 다 나와 함께 은혜에 참여한 자가 됨이라"(빌 1:7).

이 구절에 "복음에서 너희가 교제함"(빌 1:5)이라는 말과 동의어가 나옵니다. "은혜에 참여한 자"입니다. 바울은 복음 사역에 동참하는 것을 은혜에 참여하는 것으로 해석합니다. 여기서 바울과 빌립보교회가 지속적으로 동역할 수 있던 비결을 알 수 있습니다.

바울은 복음을 전하다 감옥에 들어가고, 죽을 만큼 곤장을 맞고, 파선해서 지중해를 떠다니면서도 복음 사역을 포기하지 않았습니다. 그는 복음 사역을 위해서 당하는 모든 일이 은혜를 받는 일이라고 생각했습니다. 복음을 전하다가 감옥에 들어간 것을 고난이라고 생각하지 않고 은혜라고 생각했던 것입니다. 그러니 포기할 이유가 없었던 것입니다. 빌립보교회가 복음의 협력을 포기하지 않았던 이유입니다. 이 은혜로운 일을 포기할 이유가 어디 있겠습니까?

남들 눈에는 바울이 고생하는 것 같았지만 바울은 은혜 안에 있었습니다. 남들 눈에 빌립보교회는 없는 중에 드리는 것 같았지만 빌립보교회 성도들은 받음이라고 여겼고, 남들은 돈 벌어 남 좋은 일 시킨다며 손해라고 했지만 그들은 축복이라고 생각했던 것입니다. 이 역설의 신비를 잘 알았던 바울은 빌립보교회의 어려운 사정을 누구보다 잘 알면서도 그 일을 포기하지 말고 지속하라고 권면합니다.

"너희 안에서 착한 일을 시작하신 이가 그리스도 예수의 날까지 이루실 줄을 우리는 확신하노라"(빌 1:6).

'착한 일'은 하나님과 인간을 연결하는 복음 사역을 말합니다. 착한 일, 즉 복음에 동참하는 복된 일을 주님이 재림하실 때까지 끝까지 놓치지 말라는 것입니다. 이 은혜로운 일에서 벗어나는 사람들이 되지 말라는 것입니다.

더 중요한 것은 그 일은 내 힘으로 하는 것이 아니기에 포기할 이유가 없다고 말합니다. 내가 순종함으로 그 일을 하겠다고 마음과 몸을 드리면, 그때부터는 내 안에 계신 예수님이 그 일들을 친히 이끌어 가십니다. 우리도 이 은혜로운 복음 사역에 동참합시다. 그리하여 주님이 동참하는 사람들에게만 주시는 더욱더 큰 은혜를 받아 누립시다.

3. 바울의 각별한 당부

너희 사랑을 지식과 모든 총명으로
점점 더 풍성하게 하사
너희로 지극히 선한 것을 분별하며
빌립보서 1:9-11

분별력 있는 사랑이
필요합니다

바울은 빌립보교회를 생각하며 간절히 기도했습니다. 그런데 왜
그 기도의 내용이 '사랑에 지식과 총명을 더하고, 선한 것을 분별
하고, 의의 열매가 가득하여 하나님의 영광과 찬송이 되게 해 달
라'는 것일까요? 여기에는 바울이 빌립보교회를 향해 갖는 불안
함이 들어 있습니다.

　대개 착한 사람들의 약점은 분별력이 약하다는 것입니다. 착한

심성에 누가 도와 달라고 하면 분별없이 도와주는 경향이 있습니다. 빌립보교회는 바울을 도울 때 자기 형편을 따지지 않고 끝까지 도왔습니다. 바울이 부족한 것이 없는지 살폈고 선교사까지 파송해서 돕는 등 심성이 착한 교회였습니다. 그런데 빌립보교회의 이런 모습 때문에 바울의 마음은 불안했습니다.

바울이 활동하던 당시에는 교회나 회당을 돌아다니면서 성경 활용법을 가르치며 동냥을 하는 순회 설교자들이 많았습니다. 그중에는 복음 전파를 빙자로 생계를 유지하는 거짓 설교자들이 많았고 영지주의와 같은 이단 사상을 가르치는 거짓 교사들도 있었습니다. 바울은 빌립보교회 성도들이 착해서 분별하지 않고 아무나 집에 들여서 이단 사상을 배우고, 거짓 교사인 줄도 모르고 선교비를 주는 등 자기도 모르게 악한 일을 하게 될까 봐 노심초사했습니다. 이런 일들 때문에 교회가 어려워지게 될까 봐 기도 형식을 빌린 편지를 써서 가르쳐 준 것입니다.

"내가 기도하노라 너희 사랑을 지식과 모든 총명으로 점점 더 풍성하게 하사 너희로 지극히 선한 것을 분별하며 또 진실하여 허물없이 그리스도의 날까지 이르고"(빌 1:9-10).

바울은 먼저 '너희 사랑에 지식과 총명이 더해지기를' 기도했습니다. '지식'의 헬라어는 '그노시스'입니다. 본문에서는 '그노시스'에 '에피'라는 강조어가 붙어서 '에피그노시스'로 표현합니다. 철저한 지식을 가져야 한다는 말입니다. 누군가를 사랑할 때 무작정 사랑하지 말고 분별하는 지식을 가지고 사랑하라는 것입니다.

누군가 와서 하나님의 말씀을 빙자하여 가르친 후 손을 내밀며 도움을 구하거든, 하나님께 속한 참 선지자인지 사탄에게 속한 거짓 선지자인지 분별한 후에 도우라고 권하는 것입니다. 이를 위해 바울은 '너희의 사랑에 지식이 있기를' 기도했습니다. 선을 행하고도 그것이 도리어 악한 일이 될 수 있음을 기억해야 합니다.

'사랑의 사도'라고 불린 요한조차도 누군가를 사랑할 때는 분별하고 그 영이 어디에 속하였는지를 시험해 보라고 합니다.

"사랑하는 자들아 영을 다 믿지 말고 오직 영들이 하나님께 속하였나 분별하라 많은 거짓 선지자가 세상에 나왔음이라"(요일 4:1).

그냥 덮어놓고 사랑하다가 거짓 선지자를 도운 어리석은 사람들이 많습니다. 누군가를 사랑하고 자비를 베풀 때 먼저 하나님께 분별의 지식을 달라고 기도하고, 그 지식을 기반으로 마땅히 사랑할 대상에게 마음껏 사랑을 베풀어야 합니다. 그렇지 않으면 구제하고 섬기고도 하나님께 책망받을 수 있습니다.

다음으로 바울은 '사랑에 총명을 더해 달라'고 기도합니다. 여기서 말하는 '총명'이 바로 헬라어로 '아이스테시스', 즉 '분별력'입니다. 그들의 사랑이 지식과 분별력으로 더욱더 풍성해지기를 기도하는 것입니다.

갈라디아교회는 바울을 통해 복음을 듣고 바른 복음 위에 섰지만, 거짓 선지자들의 가르침을 분별력 없이 듣고 믿음에서 떠나는 사람들이 속출했습니다. 분별력 없는 교회는 사탄의 놀이터가 되고 맙니다. 고린도교회는 세상에서 일어나는 죄들을 분별없이 교회 안에 받아들였고, 교회 밖에서도 하지 않는 죄를 교회 안에서 짓기도 했습니다. 그래서 바울은 특별히 사랑했던 빌립보교회 성도들에게 이런 일이 일어나지 않도록 간절히 기도한 것입니다.

지극히 선한 것을
분별하십시오

이제 바울의 기도는 더욱 구체적이고 깊어집니다.

"너희로 지극히 선한 것을 분별하며 또 진실하여 허물없이 그리스도의 날까지 이르고"(빌 1:10).

9절에서 지식과 총명으로 선한 것과 악한 것을 정확하게 구별하라고 했다면 10절에서는 분별하는 수준을 한 단계 더 높여서 "지극히 선한 것을 분별"하라고 합니다. 이는 먼저 선한 것을 분별한 후에 거기서 가장 선한 것이 무엇인지를 아는 정교한 분별력을 갖추게 해 달라는 기도입니다. 일차적으로 양과 염소를 구

분하는 분별력을 갖고 그다음에 양 중에서도 최고의 양을 분별해
내는 능력까지 갖추라는 말입니다.

나아가 바울은 선한 것 중에 지극히 선한 것을 분별하는 수준
에서 멈추지 않고 한 단계 더 깊어질 것을 기도합니다.

"진실하여 허물없이 그리스도의 날까지 이르고"(빌 1:10).

'진실'의 헬라어는 '엘리크리네스'입니다. '엘리, 헬리오스'는
'태양'이고 '크리노스'는 '시험, 테스트'입니다. 두 단어를 더하면
'태양으로 테스트한다'(Judged by sunlight, sun tested)는 의미입니다. 이
말은 도자기 공예에서 나왔습니다. 옛날에 최고의 값어치를 지닌
도자기는 태양 빛이 통과해서 들어올 만큼 투명하게 만들어진 것
이었습니다. 도자기를 가마에서 너무 빨리 혹은 늦게 꺼내거나 넣
었다 뺐다 하면 도자기에 실금이 갑니다. 금이 가지 않은 도자기
는 10개 중 한두 개도 얻기 어렵기 때문에 값비싼 도자기가 됩니
다. 도자기에 금이 갔는지를 확인하는 방법은 도자기를 태양에 비
추어 보는 것입니다. 금이 없이 태양 빛이 통과해 들어오는 도자
기가 최상품이 되었는데, 이런 상태를 진실하다고 표현했습니다.

정직한 도자기공은 금 간 도자기는 깨 버렸지만, 부정직한 도
자기공은 금 간 도자기를 버리지 않고 도자기와 같은 색깔의 왁
스를 금 간 곳에 바르고 헝겊으로 문질러 감쪽같이 만들었습니
다. 그리고 시장에 팔았습니다. 이때 분별력이 없는 사람들은 그

것을 비싼 값에 삽니다. 하지만 분별력 있는 사람들은 그냥 사지 않고 도자기를 태양에 비추어 보고 금이 간 곳이 있는지 확인합니다. 왁스 흔적이 보이면 그 도자기는 절대로 사지 않습니다. 그래서 '엘리크리네스'라는 단어를 라틴어로는 '시네이세라'라고 하는데, '시네이'(without)와 '세라'(wax)가 합쳐진 단어입니다. '왁스가 안 발라져 있다'(without wax)라는 말이 되어 '진실하다'라는 뜻으로 사용되었습니다. 로마 사람들은 "저 사람 참 진실하고 믿을 만해"라는 말을 "저 사람에게는 왁스가 안 발라져 있어"라고 말했다고 합니다.

바울은 바로 그 단어를 사용하고 있습니다. 사랑할 때 지식과 총명을 사용하여 선한 것을 분별하고, 선한 것 중에서도 가장 선한 것이 무엇인지 분별하라고 합니다. 더 나아가 태양에 비추어 보아야만 겨우 보이는 실금까지 찾아낼 줄 아는 분별력을 갖추기를 원한다고 기도합니다. 분별없이 사랑하여 사랑을 오염시키지 말고, 진짜 사랑할 대상을 만났다면 주님이 다시 오실 때까지 끝까지 사랑하라고 말합니다.

사랑이 풍성하게
자라게 하십시오

바울은 사랑에 대한 정의도 말하는데, 사랑은 자랄 수 있다고 합니다.

"너희 사랑을 … 점점 더 풍성하게 하사"(빌 1:9).

제대로 된 사랑의 대상을 만났다면 사랑을 키우라는 말입니다. 사랑은 한 번 하고 멈추는 것이 아니라, 얼마든지 풍성하게 자랄 수 있습니다. 바울은 "빌립보교회 성도들이여, 여러분들이 지혜와 총명으로 지극히 선한 것을 분별해 진짜 사랑의 대상을 찾았다면, 이제는 그 사랑을 방치하지 말고 키워서 풍성하게 하라"고 말합니다. 진짜 사랑의 대상을 분별해서 찾았다면 이제부터 대충 사랑하지 말고 풍성하게 키워서 사랑해야 합니다.

사랑은 무생물이 아니라 생물이라서 키우면 키울수록 커집니다. 사회심리학자이자 정신분석학자인 에리히 프롬(Erich Fromm)은 저서 《사랑의 기술》(문예출판사, 2019)에서 사람은 지속해서 사랑의 기술을 배워야 한다고 말합니다. 그 기술을 배워야 사랑을 키울 수 있다고 합니다. 그러면서 다른 기술은 배우면서 정작 사랑은 배우려 하지 않느냐고 질문합니다.

빌립보교회 성도들은 바울을 향한 사랑을 방치하지 않고 10년간 키웠습니다. 바울과 동역하면서 점점 더 크고 깊게, 구체적으로 사랑을 키웠던 것입니다. 이처럼 제대로 된 사랑의 대상을 만나 제대로 된 사랑을 베풀게 될 때 그 결과가 무엇입니까?

"예수 그리스도로 말미암아 의의 열매가 가득하여 하나님의 영광과 찬송이 되기를 원하노라"(빌 1:11).

모든 분별력을 동원해서 내 교회가 사랑할 대상이 분명하다는 결론이 났다면, 이제부터 교회를 사랑하는 마음을 풍성하게 키우기 바랍니다. 십 년 전보다 오늘 사랑이 더 크고, 오늘 사랑보다 십 년 뒤의 사랑이 더 커지도록 신앙생활 하기 바랍니다.

모든 분별력을 동원해 내 곁에 있는 한 성도를 보았는데 그 사람이 사랑할 대상임을 알게 되었다면, 이제는 그 사랑을 방치하지 말고 힘을 다해 키우기 바랍니다. 그렇게 사랑하면 삶에 열매가 가득 맺힐 것입니다.

모든 감각을 동원해 세상의 수많은 신 중 오직 하나님만이 유일하게 사랑할 참 하나님이시라는 것을 분별했다면, 오늘부터 하나님을 향한 사랑을 마음껏 키우십시오. 점점 더 풍성하게 사랑하십시오. 하나님을 사랑하되 옛적같이 사랑하지 말고 이전에 없었던 사랑으로 사랑하십시오. 그 모습이 하나님께 가장 아름다운 찬송과 가장 큰 영광이 될 것입니다.

4. 길이 막힌 것처럼 보여도

형제들아 내가 당한 일이
도리어 복음 전파에 진전이 된 줄을
너희가 알기를 원하노라
빌립보서 1:12-21

예수님을 믿는 사람에게는
곡선도 직선이 됩니다

류시화 작가는 저서 《새는 날아가면서 뒤돌아보지 않는다》(더숲, 2017)에서 19세기 자연주의자 헨리 데이비드 소로가 통나무를 짓고 살았던 보스턴 근교의 월든 호수를 찾아갔던 자신의 이야기를 전합니다. 그는 잘못된 주소를 가지고 월든 호수를 찾다가 종일 헤맨 후에 결국 저녁에야 월든 호수에 도착했는데, 그때 우연히 데이비드 소로를 좋아하는 어느 백인 작가를 만나게 되었습니다.

류 작가는 그 백인 작가의 집에 몇 날 며칠을 보내면서 철학자 소로 이야기를 밤새 하며 그와 평생의 친구가 되었다고 합니다. 그는 그 글에서 이렇게 이야기합니다. "내가 만약 아침부터 나선 그 길에서 제시간에 월든 호수를 찾았더라면 나는 내 평생의 친구를 만나지 못했을 것이다. … 헤맨다고 다 길을 잃은 것은 아니다. 때로는 돌아가는 길이 가장 빠른 길이 되기도 한다."

우리가 생각할 때는 곡선이지만 하나님이 보실 때는 그 길이 직선일 수도 있습니다. 우리 눈에는 돌아가는 것처럼 보이지만 하나님은 지름길로 우리를 인도하신 것일 수도 있습니다. 하나님은 어떤 상황에서도 언제나 일하고 계시기 때문입니다.

인생지사 새옹지마입니다. 키우던 말이 집을 나갔으니 불행입니다. 얼마 후 말이 돌아왔는데 한 마리를 더 데리고 왔으니 복입니다. 그 말을 타고 놀던 아들이 떨어져 다리가 부러졌으니 불행입니다. 그런데 전쟁이 나 모두 징병으로 끌려가는데 다리를 다쳐 면제를 받았으니 행복입니다. 이처럼 불행 속에도 행복이 숨어 있는 것입니다. 하나님의 자녀에게는 이런 일들이 언제나 존재합니다. 우리의 모든 상황에서 하나님이 일하고 계시기 때문입니다.

하나님의 역사는
'도리어'의 역사입니다

하나님은 고난 속에 축복을 감추어 두십니다. 하나님이 일하시는 방식인 '의외성'과 '반전'과 '상황의 역전'이 12절에 멋지게 표현됩니다.

> "형제들아 내가 당한 일이 도리어 복음 전파에 진전이 된 줄을 너희가 알기를 원하노라"(빌 1:12).

여기서 '도리어'의 헬라어는 '에르코마이'로 '바뀌다'(turn, turned out)라는 뜻입니다. 에르코마이는 '나쁜 일인 줄 알았는데, 알고 보니 좋은 일인 것으로 밝혀진다'는 의미입니다. 대표적인 예가 십자가입니다. 제자들은 예수님이 십자가에 달리셨을 때 모든 것이 끝났다고 생각해 절망했습니다. 그런데 십자가는 끝이 아니라 부활이라는 완전히 새로운 축복으로 들어가는 관문이었습니다. 십자가는 하나님의 최고의 반전 작품입니다. 바울은 "십자가의 도가 멸망하는 자들에게는 미련한 것이요 구원을 받는 우리에게는 하나님의 능력이라"(고전 1:18)라고 말합니다.

바울은 '도리어'의 역사를 누구보다 깊게 경험한 사람입니다. 사람들은 바울이 감옥에 갇혔기에 그의 사역도 끝났다고 생각했지만, 그는 자신의 상황을 그렇게 해석하지 않았습니다. 감옥에 들어온 바울은 어떻게 그 상황이 복음의 진전이 되었는지 궁금해

하는 사람들에게 이렇게 설명합니다.

"이러므로 나의 매임이 그리스도 안에서 모든 시위대 안과 그 밖의 모든 사람에게 나타났으니"(빌 1:13).

바울은 감옥에 갇힌 것이 시위대와 감옥에서 일하는 사람들과 감옥에 갇힌 모든 사람에게 예수님을 알리는 기회가 되었다고 말합니다. 여기서 '시위대'(프라이토리온)는 식민지 사람 중 전쟁에 내보내기 위해 차출한 사람들이 아닙니다. 로마인 중에서만 선발해서 총독들의 관저와 황제의 궁을 지키는 정예 부대입니다. 철저히 로마 시민 중에서 뽑힌 시위대는 각 총독 근위대가 1,000명, 전체 시위대는 9,000명으로 구성됐습니다.

바울이 13절에서 말하는 시위대는 전체 시위대 9,000명을 말하는 것은 아닐 것입니다. 시위대는 로마 식민지 전역에 퍼져 있었기 때문에 로마에 있는 시위대는 1,000-2,000명 정도였습니다. 그러니까 1,000-2,000명에게 복음이 전해지게 된 것입니다. 그리고 그 시위대를 유지하는 사람들에게도 복음이 전해졌습니다.

로마에서 로마인들에게 복음을 전할 수 있는 것은 불가능했는데 바울이 오히려 감옥에 들어오고 합법적으로 가능해진 것입니다. 로마를 종일 뛰어다녀도 만날 수 없는 사람들이 감옥에 갇힌 바울에게 찾아왔습니다.

함께 복음을 전했던 동역자 사이에도 두 파가 생겼습니다. 한 부류는 평소 바울을 시기했던 사람들로 바울이 감옥에 있는 동안 자신들의 이름을 알리기 위해 열심히 복음을 전했습니다. 또 한 부류는 감옥에 있는 바울을 대신하여 복음을 전하는 데 열심을 내는 착한 마음의 순수파였습니다. 이 두 파가 경쟁하듯 복음을 전하니, 가속도가 붙어서 로마 전역으로 빠르게 복음이 전해지게 되었습니다.

감옥에 들어올 때 바울은 어느 정도 좌절했을 것입니다. '하나 님, 걸어 다니고 뛰어다녀도 부족한데, 이렇게 손발을 묶어 두시 면 어떻게 복음을 전합니까?'라고 생각했을지도 모릅니다. 그런 데 하나님은 그런 의구심을 말끔히 씻어 버리셨습니다. 감옥 안 에서는 2명씩 돌아가면서 24시간 교대로 바울에게 제자훈련을 받으러 오고, 감옥 밖에서는 두 팀이 경쟁하면서 복음을 전했습 니다.

바울은 혼자 전하는 것하고는 비교도 안 될 정도로 빨리 복음 이 확산되는 것을 보며 탄성이 나왔을 것입니다. '아, 내가 당한 일이 도리어 복음의 진보를 이루었구나. 나에게는 곡선처럼 보이 는 이 일이 하나님께는 직선이었구나!' 이것을 깨달은 바울은 자 신의 감정을 이렇게 표현했습니다.

"그러면 무엇이냐 겉치레로 하나 참으로 하나 무슨 방도로 하든 지 전파되는 것은 그리스도니 이로써 나는 기뻐하고 또한 기뻐하리라"(빌 1:18).

혹시 자신의 삶이 감옥에 있는 바울의 삶 같다고 생각합니까? 이 순간에도 하나님은 일하고 계십니다. 돌아가는 길이 지름길이 될 때도 있습니다. 나는 멈추어 있어도 내 안에서 일하시는 하나님은 절대로 멈추지 않으시기 때문입니다. 예수님을 믿는 사람에게는 곡선도 직선입니다. 이것이 '도리어'의 역사이고, 기독교의 역사입니다. 그러니 삶이 원하지 않는 방향으로 흘러가더라도 그 순간에도 일하시는 하나님의 '도리어'의 역사를 기대하기 바랍니다.

하나님의 말씀은
매이지 않습니다

감옥 안에서 일하시는 하나님을 경험한 바울은 이제 더 깊은 곳으로 갑니다. '내가 감옥 밖에 있을 때보다 감옥 안에 있을 때 하나님이 더 많은 일을 하신다면, 감옥보다 못한 곳으로 가도 하나님은 더 큰일을 하시겠구나. 감옥보다 못한 곳은 없으니 내가 이곳에서 죽어도 하나님은 오히려 그 일을 통해서 더 크게 일하실 수 있겠구나. 그렇다면 죽는 것이 하나도 아깝지 않다.' 생각이 여기까지 이르자 바울은 드디어 위대한 고백을 하게 됩니다.

"나의 간절한 기대와 소망을 따라 아무 일에든지 부끄러워하지 아니하고 지금도 전과 같이 온전히 담대하여 살든지 죽든지 내 몸에서 그리스도가 존귀하게 되게 하려 하나니 이는 내게 사는 것이 그리스도니 죽는 것도 유익함이라"(빌 1:20-21).

실제로 60-70년 동안 바울이 살면서 전한 복음보다 그가 죽은 후 지난 2천 년간 복음이 더 넓게 퍼졌습니다. 바울이 쓴 13권의 편지는 성경에 기록되어 우리 손에 들려 있습니다. 그는 죽어서 오늘까지도 일하고 있는 것입니다. 다른 사람들은 감옥 안에서 바울의 인생이 끝났다고 생각했지만 바울의 믿음은 오히려 그곳에서 단단해졌습니다. 바울이 멈추니 하나님이 더 바쁘게 일하셨습니다. 사탄이 바울을 감옥에 묶어 두었지만 하나님까지도 묶어 놓을 수는 없었습니다. 그래서 바울은 놀라운 고백을 합니다.

"복음으로 말미암아 내가 죄인과 같이 매이는 데까지 고난을 받았으나 하나님의 말씀은 매이지 아니하니라"(딤후 2:9).

우리는 매여도 하나님 말씀은 매이지 않습니다. 손발이 묶여 있는 상황에서도 하나님은 여전히 우리를 통해서 일하고 계십니다.

빅터 프랭클은 유대인 정신과 의사였습니다. 그는 유대인이라는 이유로 아우슈비츠 감옥에 수감되었습니다. 사람이 죽어 가는 수용소에서 그는 살아남았습니다. 그 후 그는 감옥에서의 경험을 바탕으로 시대의 역작 《죽음의 수용소에서》(청아출판사, 2020)라는 책을 저술하게 됩니다. 그는 이 책에서 '로고테라피'라는 이론을 말합니다. 다른 표현으로는 '의미치료'로, 정신치료의 새로운 지평을 여는 이론입니다.

감옥에서 그는 수용자의 신분이었지만, 다른 이들을 관찰하며 '왜 어떤 사람은 살아났고 어떤 사람은 죽었을까?'라는 의문을 가졌습니다. 이유는 의외로 간단한 곳에서 찾을 수 있었습니다. 육체의 고통을 뛰어넘는 정신 세계에서 창조성을 포기하지 않고 앞으로의 일에 대한 의미를 지속해서 부여함으로 자신에게 실존의 용기를 불어넣는 사람은 가스실로 끌려가는 대상자에서 제외되더라는 것입니다. 그는 감옥에서도 삶의 의미를 잃어버리지 않는 사람은 그곳에서 끝까지 살아남는 것을 보고 인간의 실존을 지탱하는 가장 중요한 것은 어떤 순간에도 삶의 의미를 잃지 않는 것이라고 말합니다.

이를테면 추운 겨울날 수용소 내에서 강제 노역을 한 후에 주어지는 딱딱한 빵 한 조각과 미지근한 숭늉보다도 못한 커피 한 잔을 받았을 때, 어떤 사람은 그 빵과 커피를 모두 마셔 버리지만 삶의 의미를 갖고 내일을 준비하는 사람은 그 커피를 절반만 마시고, 절반으로는 세수하고 얼굴을 가다듬었다는 것입니다. 강력한 삶의 의미를 지향하는 사람들은 가스실로 끌려가지 않았습니다.

바울은 감옥 안에서 정신의 의미를 뛰어넘는 영적인 의미를 발견했습니다. 내가 살아날 것과 전해야 할 복음이 있다는 것과 감옥 안에 있는 순간조차 하나님이 일하고 계신다는 사실이었습니다. 하나님은 그 믿음을 보시고 바울을 통해 복음이 감옥 안에 전해지게 만드셨고, 감옥 밖에 있는 사람들의 착한 마음과 시기심을 움직여 로마 전역에 들불처럼 복음이 전해지게 하셨습니다.

우리도 바울처럼 하나님을 신뢰한다면, 하나님은 우리 안에서 일하실 것입니다. 욥의 고난이 도리어 그가 정금이 되는 과정이었고, 요셉의 고난이 도리어 총리가 되는 지름길이었고, 다윗의 광야가 왕의 수업 시간이었던 것처럼 우리가 당하는 일들 속에서 하나님은 여전히 일하고 계십니다.

5. 그래도 살아야 합니다

내가 다시 너희와 같이 있음으로
그리스도 예수 안에서 너희 자랑이
나로 말미암아 풍성하게 하려 함이라

빌립보서 1:22-26

우리의 사명은
'살아 내는' 것입니다

사람에게는 모두 살고 싶은 강력한 의지가 있습니다. '사람'이라
는 단어는 '살다'의 명사형입니다. 하나님이 아담을 만드시고 그
를 위해 돕는 배필인 하와를 만드셨습니다. 하와의 뜻은 '생명'입
니다. 하와는 아담에게 생명을 불어넣는 존재, 즉 살리는 존재로
존재한 것입니다. 다시 말해 하와의 사명은 '살림'이었습니다. 살
림은 '살리다'라는 동사의 명사형입니다. 주부들이 매일 집에서

밥하고, 빨래하고, 청소하는 것을 통틀어 '살림'이라고 말하는데, 지루하게 반복되는 것 같지만 그 일 때문에 가정이 삽니다. 그래서 '살림'이라고 부르는 것입니다.

사람은 살아야 합니다. 살라고 사람입니다. 하나님이 주신 수명을 다 살아 내야 합니다. 그것이 사명이고 책임입니다. 하나님이 살라고 한 삶을 우리가 포기해서는 안 됩니다. 목회데이터연구소가 2019년에 발표한 통계에 의하면, 한국인의 1일 자살자 수는 37명입니다. OECD 국가 중 1위입니다. 남성이 여성보다 자살률이 2.6배나 높게 나왔습니다. 특이한 점은 70대 이상의 고령에서 점점 자살률이 높아지고 있다는 것입니다. 청소년 자살률도 1년 사이에 22%가 증가했고, 자살 유가족의 자살률이 일반인보다 8.3배나 높은 것으로 나왔습니다. 자살의 원인으로는 첫 번째가 정신적인 문제, 두 번째가 경제적인 생활고, 세 번째가 육체의 질병으로 조사되었습니다. 많이 가졌다고 죽을 이유가 없는 것이 아닙니다. 다 가져도 죽고자 하면 죽을 이유가 100가지이고, 아무것도 없어도 살려고 하면 살 이유가 100가지입니다.

혹시 생을 포기하고 싶은 극단적인 생각이 드는 분들이 있다면, 힘을 다해 살아 내십시오. 힘이 없어 죽게 생겼는데 무슨 힘이냐고 묻지 말고, 이 순간도 우리를 살리시고 붙들고 계시는 하나님을 붙잡고 다시 살아가십시오. 지금은 살아야 할 이유가 단 한 가지도 없어 보이지만, 얼마 지나지 않아 짙은 안개가 걷히듯 살아야 하는 충분한 이유가 보일 것입니다.

바울은 살아야 할지 죽어야 할지 매일 선택의 갈림길에 서 있었습니다. 억울하게 감옥에 들어온 바울은 감옥 안에서 죽는 것이 사명이라면 지금 당장 죽어도 영광이지만 살아야 하는 것이 사명이라면 나는 다시 살 것이라고 고백합니다. 내가 살아서 할 일이 남았다면 나는 반드시 살아서 이곳을 걸어 나갈 것이라며 생을 노래합니다.

"그러나 만일 육신으로 사는 이것이 내 일의 열매일진대 무엇을 택해야 할는지 나는 알지 못하노라 내가 그 둘 사이에 끼었으니 차라리 세상을 떠나서 그리스도와 함께 있는 것이 훨씬 더 좋은 일이라 그렇게 하고 싶으나 내가 육신으로 있는 것이 너희를 위하여 더 유익하리라 내가 살 것과 너희 믿음의 진보와 기쁨을 위하여 너희 무리와 함께 거할 이것을 확실히 아노니"(빌 1:22-25).

바울은 삶을 선택했습니다. 자신에게 좋은 것은 지금 당장 죽어서 천국에서 주님과 함께 거하는 것이지만 아직 살아서 할 일이 남아 있기 때문에 감옥에서 나가게 될 것이라고 확신합니다. 그가 살아야 할 이유는 바로 '사명' 때문입니다. 바울은 그를 살아 있게 만드는 사명에 대해 이렇게 말합니다.

"내가 육신으로 남아 있는 것이 여러분에게는 더 필요할 것입니다. 나는 이렇게 확신하기 때문에, 여러분의 발전과 믿음의 기쁨을 더하기 위하여 여러분 모두와 함께 머물러 있어야 할 것으로 압니다. 내가 다시 여러분에게로 가면, 여러분의 자랑거리가 그리스도 예수 안에서 나 때문에 많아질 것입니다"(빌 1:24-26, 새번역).

날마다 생명 열매를
먹어야 합니다

바울이 삶을 선택한 구체적인 이유를 봅시다. 첫 번째, 바울은 타인의 유익을 위해서 삶을 선택했습니다. 그는 "내가 육신으로 있는 것이 너희를 위하여 더 유익하리라"(빌 1:24)고 말합니다. 사람들이 극단적인 선택을 하는 이유 중 하나는 내가 누구에게도 유익한 존재가 아니라고 생각할 때입니다. 다시 말해 그 누구에게도 필요 없는 존재가 되었다고 생각할 때입니다. 사탄은 우리에게 계속 속삭입니다. "너는 가치 없는 존재야. 누구도 널 찾지도, 기억하지도 않아. 이제 그만 끝내." 하지만 하나님은 이렇게 말씀하십니다.

"두려워하지 말라 내가 너와 함께함이라 놀라지 말라 나는 네 하나님이 됨이라 내가 너를 굳세게 하리라 참으로 너를 도와주리라 참으로 나의 의로운 오른손으로 너를 붙들리라"(사 41:10).

누구의 말을 듣겠습니까? 에덴동산에는 따 먹으면 영원히 사는 생명나무 열매와 영원히 죽게 되는 선악과가 있었습니다. 하나님은 생명나무 열매를 먹으라고 하셨고 사탄은 선악과를 먹으라고 했습니다. 누구의 말을 듣느냐에 따라 영원히 사느냐, 영원히 죽느냐가 결정됩니다. 아담과 하와는 하나님의 말씀을 듣지 않고 사탄의 속삭이는 소리를 듣고 선악과를 먹고 죽었습니다.

우리도 마찬가지입니다. 우리 앞에는 나를 살리는 생명나무와 나를 죽이는 선악과가 있습니다. 하나님은 생명나무를 통해 우리에게 "살아라" 말씀하십니다. 사탄은 선악과를 통해 너같이 죄만 짓는 인간이 살아서 뭐하냐며 "죽어라" 몰아붙입니다. 우리는 나를 날마다 살리는 생명나무 열매를 먹을 것인지, 나를 죽이는 선악과를 먹을 것인지 선택해야 합니다. 아무리 힘들고 어려운 일이 있어도 나를 정죄하고 죄책감에 빠지게 하는 소리가 아니라 생명나무의 소리를 들어야 합니다.

감옥에 있던 바울은 언제나 생명나무의 소리를 들었습니다. 사탄은 바울에게 죄책감을 부추기면서 속삭였을 것입니다. 그런데 바울은 사탄의 음성을 듣지 않았습니다. 그는 매일 아침 생명나무 열매를 먹고 하나님의 음성을 들었습니다. 그는 이렇게 외칩니다. "빌립보교회 성도들이여, 여러분의 기도와 섬김이 헛되지 않기 위해 내가 열심히 살 것이고 지난 10년의 헌신과 섬김에 열매가 맺히도록 이곳에서 살아서 나갈 것입니다. 나는 여러분에게 부담스러운 존재가 아니라 유익을 주는 존재가 될 것입니다."

당당하게 자신의 삶을 붙들고 일어서는 장면입니다. 바울은 감옥에서 "여러분의 유익을 위해, 나는 살 것입니다"라며 자신의 삶의 정당성을 외칩니다. 스스로를 필요 없는 존재라고 생각하지 않는다면 나를 필요 없는 존재라고 생각하는 사람은 아무도 없습니다. 하나님께 모든 생명은 소중합니다.

두 번째, 바울은 자신의 삶이 다른 사람들에게 기쁨을 주는 일이라고 생각했습니다.

"내가 살 것과 너희 믿음의 진보와 기쁨을 위하여 너희 무리와 함께 거할 이것을 확실히 아노니"(빌 1:25).

단지 그 사람이 있으면 좋은 정도가 아니라 기쁨이 되는 존재로 자신을 여겼던 것입니다. 사람들이 극단적인 생각을 할 때는 자신이 주변의 근심거리가 되었다고 생각합니다. 내가 숨 쉬고 있는 자체가 누군가에게 근심을 안겨 주는 것으로 생각해 하루라도 빨리 사라져야 그들의 근심을 덜어 줄 수 있다고 생각합니다. 또한 우리 집에 웃음이 사라진 것은 내가 있기 때문이라고 비관하는 사람들도 있습니다. 그들은 내가 집을 나가면 집에 비로소 웃는 소리가 들릴 거라 생각합니다. 사람들은 이처럼 자신이 누군가에게 기쁨을 주지 못하고 근심을 주는 존재라는 것을 견디지 못합니다.

그러나 누군가에게 근심이 된다는 생각은 주님이 주시는 생각이 아닙니다. 근심한다 해도 나를 사랑하기 때문에 하는 근심입니다. 우리의 존재는 누군가에게 근심이 되기보다 기쁨이 되는 존재라는 것을 알아야 합니다.

바울은 당당하게 살아야 할 이유를 밝힙니다.

"나는 이렇게 확신하기 때문에, 여러분의 발전과 믿음의 기쁨을 더하기 위하여 여러분 모두와 함께 머물러 있어야 할 것으로 압니다"(빌 1:25, 새번역).

바울은 자신이 사는 것이 빌립보교회의 기쁨이 될 것이라고 확신했습니다. 이런 굳건한 삶의 자존감이 우리에게도 있어야 합니다. 그리고 무엇보다 우리가 누군가에게 근심을 주는 존재라고 해도 우리 때문에 기뻐하는 하나님이 계심을 기억해야 합니다.

"너의 하나님 여호와가 너의 가운데에 계시니 그는 구원을 베푸실 전능자이시라 그가 너로 말미암아 기쁨을 이기지 못하시며 너를 잠잠히 사랑하시며 너로 말미암아 즐거이 부르며 기뻐하시리라 하리라"(습 3:17).

여러분은 누군가의
자랑거리입니다

마지막으로 바울은 빌립보교회 성도들의 자랑거리가 되기 위해서 삶을 선택했습니다.

"내가 다시 너희와 같이 있음으로 그리스도 예수 안에서 너희 자랑이 나로 말미암아 풍성하게 하려 함이라"(빌 1:26).

만약 빌립보교회 성도들에게 교회의 가장 자랑스러운 역사 하나만 이야기해 달라고 한다면 그들은 무엇을 말할까요? 아마도 "우리의 자랑은 위대한 바울이 우리 교회의 파송 선교사라는 것, 바울이 우리 교회를 세운 설립 목사님이라는 것, 그리고 바울이 그 많은 교회 중에 우리 교회를 제일 아꼈다는 것입니다"라고 말할 것입니다. 바울의 말처럼 그는 빌립보교회의 가장 큰 자랑이 되었습니다.

바울은 그런 사람이 되기 위해 살아야겠다고 말한 것입니다. "빌립보교회 성도 여러분, 지금은 내 몸이 감옥에 있지만 장차 여러분의 가장 큰 자랑이 되겠습니다. 그때까지 동역을 멈추지 마십시오. 기도를 멈추지 마십시오. 저로 인해 절망하거나 실망하지 마십시오. 반드시 여러분의 자랑거리가 되겠습니다."

혹시 지금 누군가의 근심이 되어 살 소망이 끊어진 분들이 있습니까? 그분들에게 큰 자랑거리가 될 때까지 버티고, 견디고, 이

기며 멋지게 살아 내십시오. 그것만으로도 여러분이 살아 있어야 할 충분한 이유가 됩니다.

그리고 결정적으로 내가 죽지 않고 살아야 하는 이유가 있습니다. 예수님이 나 대신 돌아가셨기 때문입니다. 성경은 이렇게 말합니다.

"내가 그리스도와 함께 십자가에 못 박혔나니 그런즉 이제는 내가 사는 것이 아니요 오직 내 안에 그리스도께서 사시는 것이라"(갈 2:20).

내가 살아야 하는 이유는 나는 이미 죽었기 때문입니다. 죽을 목숨이 없습니다. 내 생명은 내 것이 아니라 예수님 것입니다. 예수님의 생명으로 살고 있는 것입니다. 예수님은 내 안에 주신 생명을 절대 포기하지 않으십니다. 우리를 사망 권세에서 살려 주신 예수님이 오늘도 우리를 살려 주실 것입니다.

6. 고난을 이기는 최고의 무기

은혜를 주신 것은 다만
그를 믿을 뿐 아니라 또한 그를 위하여
고난도 받게 하려 하심이라
빌립보서 1:27-30

한마음 한뜻으로
복음 사역하십시오

처음 미국에 갔을 때의 일입니다. 월마트에서 산 물건에 문제가
있어 교환하러 갔던 적이 있습니다. 물건을 반품하는 창구로 가
니 직원 다섯 명이 반품 접수를 받고 있었습니다. 손님이 없던 창
구로 가서 물건을 반품하려고 하니 그 창구 직원이 불편한 기색
을 보이며 저쪽으로 돌아가라고 했습니다. 당시 저는 영어에 서
툴러서 불편한 마음으로 서 있었는데 뒤에서 누가 소리를 쳤습니

다. 뒤를 돌아보니 사람들이 줄을 서서 기다리고 있었습니다.

그때만 해도 저는 한국 사람들이 줄을 서는 방법과 미국 사람들이 줄을 서는 방법이 다르다는 것을 몰랐습니다. 한국에서는 창구마다 줄을 섰는데 미국에서는 한 줄로 섰다가 빈 창구로 가는 방식이었습니다. 그 사실을 전혀 몰랐던 저는 사람이 없는 줄 알고 빈 창구로 갔던 것입니다. 창구 직원은 저에게 예절도 없이 새치기하냐며 돌려보냈고 뒤에 있던 사람들은 제가 알고도 새치기한 줄로 알고 소리를 친 것입니다.

이 일 후에 보니 화장실을 가도 사람들이 한 줄로 섰다가 칸이 비면 맨 앞사람부터 그 자리에 가는 식으로 줄을 섰습니다. 당시 한국에서 화장실 칸마다 줄 서 있는 것과는 달랐습니다. 그래서 한국에서는 줄을 잘 서야 한다는 말이 통하지만, 미국에서는 줄을 잘 서는 것이 아무런 의미가 없습니다. 먼저 온 사람이 먼저 서비스를 받게 됩니다. 로마에 가면 로마법을 따르라는 말이 있듯이 다른 나라에 가면 그들이 만든 시민법을 따르는 것은 지극히 당연한 일입니다.

바울은 빌립보교회 성도들에게 "오직 너희는 그리스도 복음에 합당하게 생활하라"(빌 1:27)고 가르칩니다. 여기서 '생활하라'의 헬라어 '폴리튜오'는 '시민답게 살아라'라는 뜻입니다. 즉 "빌립보교회 성도들이여, 여러분은 그리스도인다운 삶을 사십시오"라는 의미입니다. 영어 표현을 옮기면 "그리스도인에 어울리는 예의를 지키면서 사십시오"입니다. 그렇다면 바울이 빌립보교회 성도들에게 요구하는 복음의 합당한 삶은 어떤 것일까요?

첫 번째, 한마음과 한뜻으로 복음 사역에 협력하는 것입니다.

"오직 너희는 그리스도의 복음에 합당하게 생활하라 이는 내가 너희에게 가 보나 떠나 있으나 너희가 한마음으로 서서 한뜻으로 복음의 신앙을 위하여 협력하는 것과"(빌 1:27).

'협력'(쉬나들레오)은 함께 투쟁한다는 뜻입니다. 협력을 전쟁 용어로 사용하고 있습니다. 바울은 '함께, 한마음, 한뜻'을 전쟁에 나가는 군인들이 가지는 단결의 마음가짐으로 설명합니다. 복음 사역은 전쟁터로 나가는 것과 같기 때문입니다. 예수님도 제자들을 보내시면서 양을 이리 가운데로 보낸다고 말씀하셨습니다. 순한 양들이 이리 떼를 이기는 방법은 한 가지밖에 없습니다. 한마음 한뜻으로 똘똘 뭉치는 것입니다.

저는 특공대 출신인데, 받았던 훈련 중에 대테러 훈련이 있었습니다. 2인 1조로 구성된 팀이 정해진 지점까지 장애물을 넘고 도시 시설을 지나서 폭파 딱지를 붙이고 오는 훈련이었습니다. 그때 배우는 것 중 하나가 엄호사격입니다. 전우가 이쪽에서 저쪽으로 달려갈 때 저는 적군을 향해 총을 쏘아야 합니다. 그리고 먼저 간 전우가 적군을 향해 총을 쏘아야 저도 달려갈 수 있습니다. 총알이 빗발치는 한가운데에도 엄호사격만 믿고 앞으로 뛰어가는 것입니다. 서로가 서로에게 목숨을 맡기는 것입니다. 이것이 바로 한마음 한뜻으로 협력하라는 뜻입니다.

우리가 복음을 전하러 세상으로 나가는 것은 잔칫집에 초대받아 가는 것이 아닙니다. 복음 사역이란 복음이 없는 곳으로 가는 것이기에 사탄이 권세 잡고 있는 영적 전쟁터로 가는 것입니다. 이때 가장 중요한 것은 백 사람이든 천 사람이든 한마음으로 가는 것입니다. 우리가 하나 될 때 얼마나 강력한 힘이 나오는지를 사탄이 알기 때문에 사탄은 기를 쓰고 성도끼리 분열을 일으키게 만듭니다.

목회를 시작한 지 얼마 되지 않았을 때, 선배 목사님이 오랜 목회 경험으로 이렇게 말씀해 주셨습니다. "목회할 때 한 가지 명심해야 합니다. 성도들이 사탄과 싸우지 않으면 서로 싸우게 됩니다. 성도들을 영적 전쟁터로 나가게 하지 않으면 교회가 전쟁터가 됩니다."

눈코 뜰 새 없이 선교하고 전도하는 교회는 서로 싸울 시간이 없습니다. 반면 아무것도 하지 않는 교회는 사탄과 싸울 일이 없으니 서로 싸우게 됩니다. '복음에 합당하게 생활한다'는 것은 형제가 서로 하나 되어 복음 들고 세상으로 나가 사탄과의 영적 싸움에서 승리하는 것입니다.

대적하는 자를
두려워 마십시오

두 번째, 복음에 합당한 삶은 대적하는 자를 두려워하지 않는 삶입니다.

"무슨 일에든지 대적하는 자들 때문에 두려워하지 아니하는 이일을 듣고자 함이라 이것이 그들에게는 멸망의 증거요 너희에게는 구원의 증거니 이는 하나님께로부터 난 것이라"(빌 1:28).

한 사람의 마음을 품은 것처럼 사이 좋은 교회가 있다고 합시다. 그런데 문제는 이들이 사탄을 너무 무서워합니다. 그래서 교회 안에서는 사이가 정말 좋은데 복음을 전하러 밖으로 나가지 못하는 교회가 되었습니다. 만일 그렇다면 그곳은 교회가 아니라 친목 단체입니다.

오늘날 교회 안에 '당신들만의 천국'을 만들어 아무도 나가지 못하게 만들고 또 아무도 들어오지 못하게 하는, 몇몇 사람들만의 천국이 되어 버린 교회가 얼마나 많은지 모릅니다. 선교 나가면 문제가 생긴다며 성도는 보내지 않고 선교비만 보내고, 이단을 만날 수 있다며 길거리에서 전도하지 못하게 합니다. 이렇게 교회 안에 숨어 있는 그리스도인은 복음에 합당하게 살고 있지 못한 것입니다.

빌립보교회는 안팎으로 대적하는 자들이 있었습니다. 교회 안으로는 율법주의자들과 반도덕주의자들이 착한 성도들을 괴롭혔습니다. 율법주의자들은 성도들에게 심한 율법으로 협박했고, 반도덕주의자들은 문란한 삶으로 성도들을 유혹하면서 복음에서 떠나게 했습니다. 교회 밖에서 볼 때는 빌립보 도시 자체가 이교도들이 모여 사는 곳이었기 때문에 기독교를 핍박하는 세력들로부터 집중 공격을 받았습니다.

빌립보교회는 그야말로 안팎으로 전쟁터였습니다. 그러나 바울은 전쟁을 두려워하지 말라고 합니다. 그 전쟁은 이미 싸우기도 전에 이겼기 때문입니다. 예수님은 이렇게 말씀하십니다.

"세상에서는 너희가 환난을 당하나 담대하라 내가 세상을 이기었노라"(요 16:33).

바울은 대적하는 자들을 두려워하지 말고 싸우라고 합니다. 사탄은 두려워해야 하는 대상이 아니라 대적해야 하는 대상입니다. 사탄이 군대처럼 달려들어도 겁낼 것 없는 것은 예수님이 이미 이기신 싸움이기 때문입니다. 사탄은 맞서면 힘을 잃지만 두려워하면 더 무섭게 다가옵니다. 성경은 사탄을 대적하라고 했지 피하라고 하지 않습니다.

"그런즉 너희는 하나님께 복종할지어다 마귀를 대적하라 그리하면 너희를 피하리라"(약 4:7).

기억할 것은 하나님은 그분의 자녀들을 모든 면에서 지키고 보호해 주시지만, 특별히 복음 사역을 감당하러 나가는 사람들을 집중적으로 보호하신다는 것입니다. 하나님의 자녀들을 대적하는 자는 멸망의 증거를 보게 될 것이고, 복음의 군사들은 구원의 증거를 보게 될 것입니다(빌 1:28).

요즈음 무엇을 하든지 두렵고 불안하고 초조함에 사로잡혀 있다면 삶에서 복음 사역이 멈추어졌기 때문입니다. 복음 사역을 감당하는 사람은 복음 사역을 할 때만 담대한 것이 아니라, 그 힘 때문에 모든 일에 담대함이 생깁니다. 하나님의 말씀을 가지고 전도하러 나가는 복음의 일꾼의 칼은 절대로 무뎌지지 않습니다. 반대로 복음의 일을 멈춘 사람의 칼은 무뎌져 아무 곳에도 쓰일 수 없습니다.

복음 사역을 하고 난 뒤에 다른 일을 해 보십시오. 담력이 생긴 우리의 모습을 발견하게 될 것입니다. 삶에 담대함을 회복시키고 싶다면 전도부터 시작하기 바랍니다. 능력과 힘이 생길 것입니다. 우리의 얼굴을 멀리서만 봐도 사탄이 피해 갈 것입니다. 복음의 일꾼은 하나님이 힘을 주시고 지켜 주십니다.

은혜를 기억하는 자리에
능력이 자랍니다

마지막으로 복음에 합당한 삶이란 은혜 안에서 강한 사람으로 사는 것입니다.

"그리스도를 위하여 너희에게 은혜를 주신 것은 다만 그를 믿을 뿐 아니라 또한 그를 위하여 고난도 받게 하려 하심이라"(빌 1:29).

고난을 이기는 최고의 무기는 은혜 안에 있는 것입니다. 우리는 구원받고 주님의 자녀가 되었습니다. 그리고 지금은 구원받은 이후의 삶을 살고 있습니다. 우리는 은혜로 구원받았습니다(엡 2:8). 은혜로 구원받은 사람은 은혜의 힘으로 살아갑니다. 우리는 언제나 은혜 안에 있어야 강한 사람이 되고, 강한 사람이 되어야 고난도 이기게 됩니다. 은혜가 고난보다 큰 사람은 고난도 능히 이기게 될 것입니다.

바울은 디모데에게 "은혜 안에서 강한 사람이 되라"고 했습니다. 내가 만나는 어떤 일보다 은혜가 커야 합니다. 고난이 은혜보다 크면 은혜의 보자기로 고난을 감쌀 수 없습니다. 일단 은혜 안으로 들어와야 무엇이든지 은혜의 지배를 받게 됩니다. 그리고 은혜 안으로 들어오기만 하면 걱정할 필요가 없습니다. 은혜가 이기게 할 것이기 때문입니다.

요즈음 고난이 더욱 크게 다가오는 분들이 있습니까? 혹시 고난이 큰 것이 아니라 은혜가 작아진 것은 아닌지요? 고난이 크다고 불평하기 전에 삶 속에서 작아진 은혜를 키워야 합니다. 바울 같은 위대한 하나님의 사람도 육체의 가시를 묵상하다가 하나님이 주신 큰 은혜를 잊어버렸습니다. 그러자 그의 입에서 제일 먼저 나온 것이 불평이었습니다. 가시만 놓고 기도하고 묵상하니 가시 때문에 아무것도 못한다고 하나님께 불평했습니다. 가시를 빼 주지 않으면 한 사람에게도 전도하지 않겠다고 으름장도 놓았습니다.

그러나 하나님이 그에게 주신 응답은 가시를 빼 주시는 것이 아니었습니다. 하나님은 바울에게 주신 은혜를 회복시켜 주셨습니다. "바울아 너는 가시를 묵상하느라 내가 네게 준 은혜는 다 잊어버렸구나. 너는 지금 가시를 생각할 때가 아니라 네게 준 은혜를 기억할 때다. 내가 너에게 이미 준 은혜가 네게 넉넉하다. 가시 때문에 네가 망하는 것이 아니라 은혜를 잊어버리면 네가 망하게 됨을 반드시 명심해라."

능력은 가시가 빠진 자리가 아니라 은혜를 기억하는 자리에 생깁니다. 은혜를 가장 많이 기억하는 사람이 가장 강한 사람입니다. 은혜를 기억하고 사는 사람은 사탄이 만지지도 못합니다. 은혜 안에 있는 사람은 절대로 사탄의 놀이터가 되지 않습니다. 은혜가 사탄이 들어오는 길을 원천 봉쇄하기 때문에 사탄이 틈을

탈 수도 없습니다. 우리 모두 은혜 안에서 강한 군사가 되어 무슨 일을 만나든지 승리하는 삶을 살아갑시다.

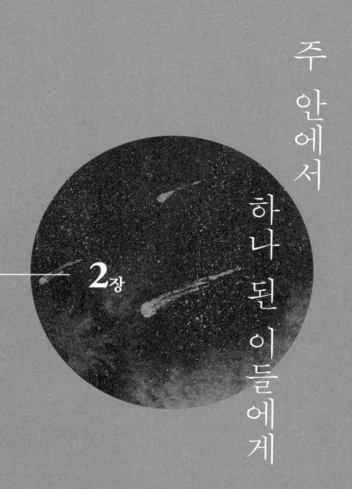

2장

주 안에서

하나 된 이들에게

7. 화평을 이루는 비결

각각 자기 일을 돌볼뿐더러
또한 각각 다른 사람들의 일을 돌보아
나의 기쁨을 충만하게 하라
빌립보서 2:1-4

우리의 싸움은
이미 이긴 싸움입니다

2001년 발생한 9·11 사건은 많은 사람에게 가장 충격적인 테러 사건으로 남아 있습니다. 당시 미국은 아프가니스탄에 전쟁을 선포했고, 불과 두 달 만에 사건을 주도한 배후들을 모두 제거하며 전쟁을 승리로 이끌었습니다. 그런데 문제는 그다음이었습니다. 미국이 전쟁에서는 승리했지만 이후 곳곳에서 출몰하는 테러 집단들의 전투를 이겨 낼 수가 없었습니다. 그 전투는 장장 13년간

이어졌습니다. 결국 2014년에 미국은 아프가니스탄과의 종전을 선언하고 미군을 철수시켰습니다. 많은 나라에서는 미국과 아프가니스탄과의 전쟁을 이렇게 표현을 했습니다. "미국이 전쟁(War)에서는 승리했지만, 전투(Combat)에서는 실패했다."

저는 이 말이 꼭 오늘날 교회를 두고 하는 말 같습니다. 예수님은 분명히 십자가 위에서 다 이루었다고 하시며 "담대하라 내가 세상을 이기었다"고 선포하셨습니다. 우리는 이미 이긴 싸움을 하고 있는 것입니다. 그런데 안타까운 것은 주님이 영적 전쟁에서 승리하셨지만 매일 이어지는 사탄과의 전투에서 속수무책으로 당해 당황하는 것입니다.

사탄은 십자가에서 예수님이 돌아가실 때 자신의 운명이 이미 패했다는 것을 알고 있습니다. 영원한 불 못 무저갱으로 가는 운명이 되었다는 것을 알고 있습니다. 예수님은 분명히 세상 끝이 올 때 재림하셔서 세상을 양과 염소로 구분하여 심판한다고 하셨습니다. 예수님은 마지막 날이 언제 오는지도 친절하게 말씀해 주셨습니다.

"이 천국 복음이 모든 민족에게 증언되기 위하여 온 세상에 전파되리니 그제야 끝이 오리라"(마 24:14).

복음이 땅끝까지 모든 민족에게 증거되는 그날이 세상의 끝이 오는 날입니다. 그 마지막 날은 믿는 사람에게는 구원의 날이고,

믿지 않는 사람에게는 멸망의 날이 됩니다. 그날은 사탄이 영원한 무저갱에 갇히는 날이기도 합니다. 다시는 지금처럼 믿는 자들을 유혹하고 괴롭히지 못하고 무저갱에 영원히 감금되는 멸망의 시간입니다. 그러니 사탄은 그날이 절대로 오지 않기를 바라는 것입니다. 그날이 오면 사탄의 운명은 완전히 끝이 나기 때문입니다.

주님은 모든 민족에게 복음을 전하라는 명령을 열두 제자들과 그들로 인해 장차 세워질 교회에게 주셨습니다. 그래서 사탄은 교회가 한마음 한뜻으로 모든 민족에게 복음을 전하는 그날이 오지 못하도록 교회를 공격하는 것입니다. 모든 교회가 분열 없이 화평하여 세상으로 나가 복음을 전하면 자신의 운명의 날이 곧 다가온다는 것을 사탄이 압니다. 그래서 성도끼리 이간질하게 만들고 불신의 씨앗을 퍼트려 놓습니다. 안타깝게도 사탄의 이런 전략은 너무 잘 통하고 있는 것 같습니다. 예수님이 이미 사탄에게 승리하신 전쟁인데 오늘날 성도는 사탄과의 전투에서 지고 있습니다.

빌립보교회는 선교를 제일 잘하는 교회였습니다. 그래서 바울은 빌립보교회 성도들에게 편지를 쓰면서 화평을 이루어 선교가 멈추는 일이 없게 하라고 강조한 것입니다.

한마음으로
서로를 높이십시오

그렇다면 어떻게 해야 싸우지 않고 화평한 교회를 이룰 수 있을까요? 첫 번째, 화평한 교회의 특징은 한마음을 품고 사역합니다.

"그러므로 그리스도 안에 무슨 권면이나 사랑의 무슨 위로나 성령의 무슨 교제나 긍휼이나 자비가 있거든 마음을 같이하여 같은 사랑을 가지고 뜻을 합하며 한마음을 품어"(빌 2:1-2).

교회에서 성도들끼리 상처받고 원수가 되는 이유는 마음이 하나 되지 않아서 그렇습니다. 한마음을 품기 위해 가장 필요한 것은 공감 능력입니다. 형제가 아프면 나도 아픔을 느끼고, 슬프면 나도 슬픔을 느끼는 사람은 한마음을 가진 사람입니다. 공감 능력이 없으면 절대로 하나 되지 않습니다. 형제가 아프면 죄를 지어서 그렇다고 하고, 힘들어하면 정신력이 약하다고 하고, 의지가 약하면 힘을 주기보다 자신이 고생한 이야기를 늘어 놓습니다. 공감 능력이 떨어지는 사람은 상대를 위로하려다 더 큰 상처를 주고 맙니다.

'머리가 둘이고, 몸이 하나인 사람이 두 사람인지 한 사람인지'를 묻는 제자의 물음에 '한쪽 머리를 때려서 다른 머리가 웃고 있으면 두 사람이고, 울고 있으면 한 사람'이라고 했던 유대 랍비의 가르침처럼 함께 웃고 함께 우는 한 사람 같은 교회가 화목한 교회의 특징입니다.

몇 년 전 전 세계에서 아이스버킷 챌린지가 화제였습니다. 지인 세 명의 이름을 지명하고 얼음물을 뒤집어쓰는 것입니다. 차가운 얼음이 온몸에 흐르면 살을 에는 듯한 고통이 느껴집니다. 그 고통이 루게릭병 환자가 매일 겪는 고통과 거의 흡사하다고 합니다. 그들의 고통을 공감해 보자는 취지에서 한 루게릭병 단체가 시작한 운동인데, 그 고통을 경험한 사람들은 그 단체에 후원금을 보내기 시작했습니다. 공감 능력 때문입니다. 공감 능력은 타인의 아픔을 내 아픔처럼 느끼고 함께 아파하고 도와주는 것입니다. 화평한 교회가 되려면 성도들이 서로의 아픔과 문제를 내 문제처럼 함께 아파하고 함께 문제를 해결해 나가는 공감 능력을 갖추어야 합니다.

스탠리 하우어워스가 장 바니에와 공저한 《화평케 하는 자는 복이 있나니》(IVP, 2010)에서 장애인 공동체를 만들어 전 세계적으로 장애인 사역을 하는 장 바니에를 이렇게 묘사했습니다. "내가 상대방을 넘어뜨리려고 약점을 보는 순간에 바니에는 그 사람의 상처를 보고 있더라." 예수님의 눈이 열리면 보이는 것은 상대방의 약점이 아니라 상처입니다. 모두 품고 사랑하는 애틋한 삶이 되어야 예수님의 사람이 되는 것입니다.

주님은 우리 인생을
꽃으로 품어 주십니다

두 번째, 화평한 교회는 자기보다 남을 낮게 여깁니다.

"아무 일에든지 다툼이나 허영으로 하지 말고 오직 겸손한 마음
으로 각각 자기보다 남을 낮게 여기고"(빌 2:3).

나보다 남을 높여 주는 교회는 다툴 일이 없고 화평이 저절로
따라옵니다. 다른 성도가 잘되는 것을 기뻐하며 칭찬해 주고, 나
보다 남을 낮게 여기면 상대도 나를 자기보다 낮게 여기기 때문
입니다. 상대를 보고 경탄하고 칭찬해 준다면 저절로 화평한 교
회가 되는 것입니다.

요즘은 칭찬이 사라지는 시대입니다. 좀처럼 남을 칭찬하지 않
습니다. 남들로부터 인정받고 칭찬받는 곳이 별로 없습니다. 사회
학자인 장 지글러 박사는 이런 말을 했습니다. "세계 인구의 30억
명이 굶주린 상태에서 잠자리에 든다. 그러나 그보다 많은 40억
인구가 매일 밤 따듯한 말 한마디를 그리워하며 잠자리에 든다."
교회는 나보다 남을 낮게 여기는 칭찬 공장이 되어야 합니다. 칭
찬이 있는 곳에 사탄이 거할 곳은 없습니다.

예전에 읽었던 연필과 볼펜의 칭찬 이야기를 소개합니다. 연필
이 볼펜에게 "너는 한평생 칼질당할 일이 없으니 마음 하나는 편
하겠다. 죽을 때까지 같은 굵기로 발자국을 남길 수 있다니, 대단

해. 땅바닥에 아무리 세차게 내동댕이쳐도 심이 부러지지 않는 내공을 가졌구나"라고 말하자, 볼펜은 연필에게 "너는 깎을 때마다 향기가 난단 말이야. 실수했더라도 지울 수가 있으니 무슨 걱정이야. 아무리 나이가 들어도 침을 흘리지 않는 비결이 뭐지?"라고 했답니다.

누구나 자세히 들여다보면 다 칭찬거리가 있습니다. 《목민심서》에는 "베려고 하면 풀이 아닌 것이 없고 품으려 하면 꽃이 아닌 것이 없다"고 했습니다. 잡초 밭에 사는 것도 내가 선택하는 것이고 꽃밭에 사는 것도 내가 선택하는 것입니다. 나태주 시인은 시 〈풀꽃〉에서 "자세히 보아야 예쁘다. 오래 보아야 사랑스럽다. 너도 그렇다"라고 노래합니다. 가만가만 오래오래 보면 예쁘고 사랑스러워서, 제목처럼 풀도 꽃이 되는 것입니다.

주님도 들풀 같은 우리 인생을 꽃으로 품어 주셨습니다. 만약 교회 안에 풀꽃을 볼 줄 아는 시인의 눈이 있다면, 볼펜과 연필이 나눈 대화를 나눌 수만 있다면 그 교회는 사탄이 피해 갈 것입니다.

세 번째, 화평한 교회는 성도의 일을 자기 일처럼 돌보는 교회입니다.

"각각 자기 일을 돌볼뿐더러 또한 각각 다른 사람들의 일을 돌보아 나의 기쁨을 충만하게 하라"(빌 2:4).

사람이 죽어서 가는 곳은 천국과 지옥뿐입니다. 한번 천국으로 들어간 사람은 지옥으로 갈 수 없고, 지옥으로 간 사람은 천국으로 옮겨지지 않습니다. 그러나 삶의 현장에서는 수시로 천국과 지옥을 오가며 살 수 있습니다. 천국 같은 교회가 하루 만에 지옥을 닮아 있기도 합니다. 그러다가 언제 그랬냐는 듯 다시 천국으로 바뀌기도 합니다. 천국과 지옥을 오가는 기준은 한 가지입니다. 나만 생각하면 지옥이고 남을 돌아보면 천국입니다.

바울은 빌립보교회를 향해 자기 일을 돌아보면서 다른 사람들의 일도 돌아보라고 명령합니다. 예수님은 제자들의 발을 씻겨 주시면서 서로 발을 씻겨 주는 사람이 되라고 하셨습니다. 그날 밤 종일 사역에 지친 예수님과 제자들이 모두 누군가 발을 씻겨 줄 거라고 생각하며 자기 발만 앞으로 내밀고 있었다면 집 안에는 발 냄새가 진동했을 것입니다. 하지만 예수님이 제자들의 발을 씻겨 주시고, 제자들끼리 서로 발을 씻겨 줌으로 그 집은 향유 내음으로 가득해졌습니다. 교회 안에 발 냄새가 진동할 수도 있고 향유 내음이 진동할 수도 있습니다. 다른 사람의 일을 돌아보는 것의 시작은 그렇게 거창하고 어려운 것이 아닙니다. 작은 것부터 시작하면 됩니다.

사탄은 오늘도 복음이 모든 민족에게까지 전해지지 못하도록 교회를 갈라놓고 있습니다. 예수님이 십자가 위에서 영적 전쟁의 승리를 이루셨지만, 사탄은 성도들이 매일 패배하여 복음이 교회

문을 나서지 못하도록 게릴라전을 하고 있습니다. 사탄이 어떤 틈으로도 들어올 수 없도록 성령 안에서 하나 되어 서로 높이고, 칭찬하고, 돌봄으로 화평을 이루도록 힘써야 합니다. 이렇게 할 때, 모든 민족이 예수님 앞으로 돌아오는 그날까지 쓰임 받게 될 것입니다.

8. 예수 마음 내 마음

너희 안에 이 마음을 품으라
곧 그리스도 예수의 마음이니
빌립보서 2:5-11

예수님의 마음에
꼭 들어맞아야 합니다

앞 장에서 화평한 교회의 특징을 살펴보았습니다. 본문에서 바울은 교회가 하나 되는 가장 확실한 방법을 소개합니다. 바로 내 마음을 예수님의 마음에 맞추는 것입니다.

"너희 안에 이 마음을 품으라 곧 그리스도 예수의 마음이니"(빌 2:5).

'예수님의 마음을 품는다'는 것은 무슨 뜻일까요? 영어 표현은 좀 더 자세합니다. "Have this mind among yourselves, which is fitting in Christ Jesus"(ESV). 해석하면 그 마음은 예수님 마음에 꼭 들어맞는 마음이라는 것입니다.

제가 중학생 때만 해도 포철공고는 한국 3대 공고 중 하나였습니다. 저도 지원해서 3일간 시험을 치렀습니다. 첫날 필기시험에 합격하면 둘째 날 신체검사를 보고 셋째 날에는 실기시험을 봅니다. 다행히 1, 2차 시험에 합격했고 다섯 명의 면접관들 앞에서 3차 실기시험을 치렀습니다. 그 실기시험 중 하나가 4절지 크기의 플라스틱판에 동그라미, 세모, 별 모양의 구멍에 모양이 맞는 조각들을 1분 안에 끼워 맞추는 것이었습니다. 사실 저는 너무 집중하면 손이 떨리는 증상이 있어 실기시험이 어려웠습니다. 그 쉬운 것을 하는데도 손이 떨려서 둥근 모양에 세모를 끼우는가 하면, 별 모양에 오각형을 끼우기도 했습니다. 그때 면접관 한 분이 내뱉은 혼잣말이 어렴풋이 기억납니다. "야는, 공고 체질은 아인 거 같은데…." 결국 저는 당당하게 떨어졌습니다.

별 모양의 구멍에는 별 모양을 맞추고, 삼각형 모양에는 삼각형을 끼워야 정확히 들어갑니다. 이것이 바로 "너희 안에 예수님의 마음을 품으라"(Which is fitting in Christ Jesus)는 뜻입니다.

우리 중에는 세모같이 생긴 마음과 둥글게 생긴 예수님의 마음의 결이 맞지 않아서 아무리 예수님이 마음에 들어오시려고 해도 들어오시지 못하게 하는 사람이 있습니다. 예수님 마음에 내 마음을 맞추지도 못해 늘 예수님을 근심시키는 사람도 있습니다.

예수님은 멈추라는 마음을 주시는데 앞으로 가겠다고 하거나 왼쪽으로 가라 하시는데 오른쪽으로 가게 해 달라고 우기는 사람들도 있습니다. 모두 예수님의 마음을 품지 못한 채 신앙생활을 하는 사람들입니다. 예수님의 마음을 품기 위해서는 먼저 예수님의 마음을 알아야 합니다. 예수님의 마음은 바로 자기를 비우는 마음입니다.

"너희 안에 이 마음을 품으라 곧 그리스도 예수의 마음이니 그는 근본 하나님의 본체시나 하나님과 동등됨을 취할 것으로 여기지 아니하시고"(빌 2:5-6).

예수님은 하나님이십니다. 삼위일체 하나님으로 성부 하나님, 성자 하나님, 성령 하나님은 그 누구도 위에 있거나 아래에 있지 않고 완전히 동등하시고 동일하십니다. 본질상 하나이시고 창세 전부터 존재하시며 이 세상을 창조하신 하나님입니다. 그런데 성자 하나님이 자기를 성부 하나님과 동등한 지위로 주장하지 않으시고 스스로 자기를 비워 종의 형체로 인간 세상의 자리까지 내려오셨습니다.

기독교 변증가 오스 기니스는 그의 책 《생명》(좋은씨앗, 2002)에서 이 사건을 '위대한 하강'(Great Descent)이라고 표현했습니다. 그는 "기독교는 위대한 상승에 대한 이야기가 아니라 위대한 하강에 대한 이야기"라고 했습니다. 얼마나 높아졌느냐의 성공 이야기가 세상의 이야기라면, 기독교는 얼마나 낮아졌느냐의 겸손의 이야기인 것입니다. 그래서 "예수님을 믿고 얼마나 성공했느냐"를 묻는다면 기독교를 이해하지 못한 것이고, "어디까지 낮아지고 겸손해질 수 있느냐"고 묻는다면 기독교를 제대로 이해한 것입니다.

자기를 비우면
예수님의 마음이 채워집니다

예수님은 어떻게 사람으로, 죄인으로, 그리고 인간의 마지막인 십자가와 무덤 속으로까지 낮아지실 수 있던 것일까요? 이를 이해하기 위한 가장 중요한 구절이 나옵니다. "자기를 비워"(빌 2:7)라는 말씀입니다. 헬라어로 '케노시스'라고 하는데, 성육신을 이해하는 데 가장 중요한 단어입니다.

3-4세기경 기독교는 기독론을 두고 뜨겁게 논쟁했습니다. 예수 그리스도가 하나님과 동등하신 분이시냐, 열등하신 분이시냐를 놓고 갑론을박을 펼친 것입니다. 성자가 성부와 동일 본질이냐 유사 본질이냐의 논쟁이었습니다. 이때 논쟁을 불식시킨 구절이 "하나님과 동등됨을 취할 것으로 여기지 아니하시고 자기를

비워"입니다. 즉 성자는 성부와 동일 본질이신 하나님이시지만, 자기를 비우시고 이 땅에 오신 분으로 기독론이 명확히 정립되고 삼위일체론이 완성된 것입니다.

하늘로부터 열등하여 세상을 구원할 책임을 지고 보내지거나 버려지신 것이 아니라, 스스로 자기를 비워 자원하여 기쁨으로 이 땅에 내려오셨다는 뜻입니다. 이것이 자기 비움이며 기독교의 핵심입니다. 그렇다면 자기를 비운다는 것이 무슨 뜻인지를 생각해 보아야 합니다.

NIV 성경은 자기를 비운다는 것을 "Made himself nothing"이라고 표현합니다. 이 말은 자기를 없는 존재처럼 여긴다는 뜻입니다. 예수님은 이 땅에 오셔서 철저히 자기를 감추시고 낮추시고 비우셨습니다. 그 목적은 단 하나, 성부 하나님을 높이시기 위함입니다. 사람들이 예수님을 선하다고 부를 때에도 예수님은 이렇게 말씀하셨습니다.

"예수께서 이르시되 네가 어찌하여 나를 선하다 일컫느냐 하나님 한 분 외에는 선한 이가 없느니라"(눅 18:19).

예수님은 철저히 자기를 비우시고 오직 하나님만 높이시는 삶을 사셨습니다. 사람들에게 성자는 성부보다 열등하다는 오해를 받을 정도로 자기를 낮추셨습니다. 이것이 예수님의 자기 비움의 마음입니다. 바울은 바로 그 마음을 우리 안에 품으라고 합니다.

나를 통해 내가 보이는 것이 아니라, 나를 철저히 비워 오직 예수님, 하나님, 성령님만 드러내는 삶을 사는 것이 예수님의 마음으로 사는 삶입니다. 나도 보이고 하나님도 보여서 사람들을 헷갈리게 하지 말고 나는 확실히 죽고 오직 하나님만 드러내야 합니다. 그것이 우리 삶의 목적입니다.

삼위 하나님 중 그 누구도 자기를 드러내시는 분이 없습니다. 오직 서로를 드러내실 뿐입니다. 성부, 성자, 성령 삼위 하나님은 자기 영광을 취하지 않으시고 서로를 높여 주십니다. 그 아름다운 모습은 잠시 이루어지는 것이 아니라, 영원히 삼위일체의 하나 됨을 유지하고 계시는 것입니다. 이것이 기독교입니다. 그래서 어느 신학자는 "삼위일체를 제대로 아는 교회는 절대로 갈등이 생길 수 없다"라고 했습니다.

어느 공동체든지 나를 드러내기 시작하면 금방 깨집니다. 자기를 비우지 않을 때 자연스럽게 생기는 결과입니다. 자신들이 섬기는 교회에서 원하는 직분이나 인정을 못 받았다고 생각하는 사람들 때문에 교회 이동이 일어나기도 합니다. 조용히 이동만 하면 그나마 다행이지만 분쟁으로 이어지기도 합니다. 이유야 수백 가지겠지만 근원은 자기를 비우지 못한 결과입니다. 내가 살아 있기에 나를 몰라주는 것 같아 속상하고, 무시를 당한 것 같고, 정당한 대우를 받지 못하는 것 같습니다. 이러한 마음 때문에 전쟁이 시작됩니다. 예수님의 마음을 품는다는 것은 내 마음을 걷어 내고 그 속에 예수님의 마음을 품는 것입니다.

"사람의 모양으로 나타나사 자기를 낮추시고 죽기까지 복종하셨 으니 곧 십자가에 죽으심이라"(빌 2:8).

모든 목회자와 성도가 배워야 할 것은 '자기 비움'입니다. 비움에는 자력적 비움과 타력적 비움이 있습니다. 가장 아름다운 것은 자력적 비움입니다. 이는 마음을 겸손히 하여 나보다 남을 낮게 여기고, 나는 죽고 예수님을 드러내는 삶을 한결같이 살아가는 것입니다. 타력적 비움은 그 사람의 욕심과 자존심과 자아가모두 비워질 때까지 하나님이 기다리시거나, 급할 때는 강제로 비워 버리시는 것입니다. 하나님은 왜 우리를 이토록 비우게 하실까요?

비워야 채우기 때문입니다. 성경을 자세히 보면 케노시스에서 시작된 기적의 이야기를 만나게 됩니다. 열왕기상 17장에 엘리야와 사르밧 과부의 이야기가 나옵니다. 가뭄이 든 시돈 땅에서 아들과 살고 있는 과부는 마지막 남은 가루 한 움큼과 기름으로 빵을 만들어 아들과 먹고 죽으려고 하는데, 엘리야는 얼마 되지도 않은 가루와 기름으로 빵을 만들어 자기에게 먹이라고 합니다. 말도 안 되는 명령에 사르밧 과부는 엘리야를 위해 통에 남은 가루와 병에 남은 기름을 비웁니다. 이것이 케노시스입니다. 그런데 가루와 기름을 비우고 났더니 그때부터 그 병에 기름이, 그 통에 가루가 마르지 않는 채움이 시작되었습니다. 케노시스는 케노시스로 끝나지 않습니다. 채워지는 기적이 시작됩니다. 기독교 케노시스의 신비입니다.

신약에서 발견하는 케노시스는 베드로의 빈 배와 빈 그물입니다. 밤이 새도록 수고하였으나 잡은 것이 없어 빈 배와 빈 그물로 하루를 마무리하는 순간에 예수님이 찾아오셨습니다. 예수님은 그물을 오른편에 던지라 하셨고, 베드로가 명령에 따르자 그 빈 배는 만선으로 바뀌는 놀라운 채움이 되었습니다.

예수님은 빈 배가 될 때까지 기다리신 것입니다. 완전히 비기 전까지는 베드로에게 아무리 그물을 다시 내리라고 해도, 자기 지식과 경험을 의지하여 순종하지 않았을 것입니다. 그러나 완전히 빈 배가 되고 나니 자신의 지식과 경험이 소용없다는 것을 알았습니다. 배와 마음이 철저한 케노시스가 되었을 때 베드로는 예수님께 순종하게 되었습니다. 그리고 그 순종은 빈 배를 만선으로 바뀌게 했습니다.

케노시스의 절정은 가나의 혼인 잔치 사건입니다. 일주일 동안 잔치를 치러야 하는데 3일 만에 포도주 통의 포도주가 비었습니다. 케노시스입니다. 완전히 비어 버린 그 위기 상황에서 잔치가 초상집 분위기로 바뀌려는 그때 예수님은 완전히 비워진 그 통을 확인하고 그곳에 물을 부으라고 하십니다. 그 통에 물을 부었더니 물이 포도주로 바뀌어 잔치는 계속 이어졌습니다.

사르밧 과부처럼 어려운 형편에 처한 분들이 있습니까? 베드로처럼 평생 모아서 사 놓은 배 한 척이 빈 배가 되고, 그물은 찢어져 기능을 상실한 분들이 있습니까? 화려한 인생의 시간이 지나고, 명성과 평판을 잃고, 축제의 포도주 통이 텅 비어 버린 분들이 있습니까? 사르밧, 베드로, 비워진 포도주 통에 나타난 한 가지 공통점이 있습니다. 모두 하나님의 사람, 예수님을 만났다는 것입니다. 비워진 그곳을 다른 것으로 채우기 전에 예수님으로 채워야 합니다. 그 비움에서 채움이 시작됩니다. '케노시스'(비움)는 '플레로마'(충만)의 시작입니다.

낮아짐으로 한 사람을 인도할 수 있습니다

예수님의 위대한 하강이 더 이상 낮아질 수 없을 때까지 낮아지자 그다음에 일어난 일은 위대한 상승입니다.

"이러므로 하나님이 그를 지극히 높여 모든 이름 위에 뛰어난 이름을 주사 하늘에 있는 자들과 땅에 있는 자들과 땅 아래에 있는 자들로 모든 무릎을 예수의 이름에 꿇게 하시고 모든 입으로 예수 그리스도를 주라 시인하여 하나님 아버지께 영광을 돌리게 하셨느니라"(빌 2:9-11).

예수님이 하늘에 계시다가 땅 위에 오시고, 땅 아래로 내려가셔서 장사되신 이유가 나옵니다. 모든 사람을 구원하시고 그들을 하나님 아버지께로 돌려드림으로 하나님께 영광을 돌리기 위해 위대한 자기 비움으로 하강하신 것입니다. 땅 위로 오시지 않으면 땅 위의 사람을 구원할 수 없고, 땅 아래로 내려가시지 않으면 사망 권세에 놓인 자들을 해방할 수 없습니다.

우리도 마찬가지입니다. 자기를 비우는 것은 비굴한 것도 초라한 것도 실패도 아닙니다. 낮아지는 동안 그 경험으로 인해 만나는 사람들의 마음을 이해하고 그들을 하나님께로 인도하는 과정임을 알게 될 것입니다.

제게는 유학 과정이 그랬습니다. 공부를 위해 유학을 갔는데 왜 매일 접시를 닦고, 웨이터를 하면서 손님에게 욕을 듣고, 매일 밤 화장실 변기를 닦고, 새벽 4시에 가장 위험한 지역의 주유소 스무 군데에 도넛을 배달하면서 그곳을 도망치듯 빠져나와야 했는지 몰랐습니다. 그런데 목회를 시작하면서 보니 성도들이 그 일을 하고 있었습니다. 이해 못 할 성도가 없었습니다. 비로소 하나님이 유학 시절에 저를 낮추신 이유를 알게 되었습니다. 한 사람이라도 더 이해하라는 하나님의 부르심이었습니다.

우리 모두는 연약합니다. 그러나 예수님이 우리의 빈 배에 올라 타실 때, 우리의 인생은 만선의 충만으로 바뀌게 될 것입니다.

9. 너희 구원을 이루라

나 없을 때에도 항상 복종하여 두렵고
떨림으로 너희 구원을 이루라

빌립보서 2:12-18

하나님을 온전히 신뢰하는 것,
우리의 할 일입니다

본문을 보면 우리를 당황하게 만드는 한 문장을 만나게 됩니다. "두렵고 떨림으로 너희 구원을 이루라"(빌 2:12)는 구절입니다. 당황스럽다고 표현한 이유는 이미 믿음이 신실한 빌립보교회 성도들에게 이 말을 전하기 때문입니다. 믿는 사람들에게 두렵고 떨림으로 구원을 이루라는 것입니다. 예수 그리스도의 성육신, 십자가, 부활, 승천, 재림이 틀림없는 사실임을 마음으로 믿고 입으로 시인하여 이미 구원을 얻었는데, 바울은 왜 다시 구원을 두렵고 떨림으로 이루라고 하는 것일까요? 인간의 그 어떤 노력으로도 구원을 얻을 수 없는데, 왜 우리에게 구원을 이루라고 하는 것일까요?

인간은 전적으로 타락했기 때문에 구원에 대한 모든 기능이 전적 불능 상태에 빠졌습니다. 우리는 그 어떤 노력으로도 하나님을 만날 수 없고, 하나님이 계신 세상에 이르는 구원을 이룰 수 없습니다. 만약 노력으로 갈 수 있는 곳이라면 그곳은 천국이 될 수 없고, 노력으로 만날 수 있는 신이라면 더는 신이 될 수 없습니다. 그래서 인간은 본질상 힘이나 노력으로 하나님을 찾아가서 만날 수 없기 때문에 하나님이 인간을 찾아오신 것입니다. 그것을 '계시'와 '구원'이라고 합니다.

일방적인 사랑과 은총으로 하나님이 먼저 찾아오셨고, 우리를 택해 주셨고, 손을 내밀어 주셨고, 죄에서 건져 주셨고, 자녀 삼아 주셨습니다. 일방적인 선택과 사랑으로 구원을 얻었습니다. 이것을 '의롭다' 칭한다고 해서 칭의 구원이라고 합니다. 그런데 바울은 왜 다시 "두렵고 떨림으로 너희 구원을 이루라"고 했을까요?

이것은 예수님을 믿고 의롭다고 함을 받은 하나님의 자녀들이 그리스도인답게 살아가는 성화 구원에 대한 가르침입니다. 성경에서는 구원받는 것을 다시 태어나는 출생에 비유합니다. 우리가 예수님을 믿고 구원받아 새 생명으로 태어날 때 완전한 어른으로 태어나는 것이 아니라, 영적인 아이의 모습으로 태어난다고 할 수 있습니다. 아무리 아이가 인지 기능이나 신체 발달이 미숙하다고 해도 그 아이는 완전한 인격체이자 인간입니다. 그렇다고 해서 아이가 그 상태로 평생 살 수는 없습니다. 점점 자라면서 더 많은 일을 하고 누릴 수 있게 해야 합니다.

믿음도 태어난 상태에 머물러 있으면 아무 일도 못 하지만 자라면 자랄수록 더 많이 주님의 일을 할 수 있습니다. 그래서 바울은 이미 구원받은 빌립보교회 성도들에게 편지를 쓰면서도 그들을 향해 "두렵고 떨림으로 너희 구원을 이루라"고 권면하는 것입니다. 여기서 '이루라'의 헬라어 '카테르가제스데'는 현재에 머물러 있지 않은 지속적인 진행 상태를 말합니다. 진짜 구원은 구원받은 그날로 멈추어 있는 것이 아닙니다. 구원이 계속 진행되면서 믿음이 자라납니다.

변화가 없는데도 변화를 향한 노력 없이 예수님을 믿은 날만을 강조한다면 그것은 구원파의 주장입니다. 구원파는 언제 구원받았는지만 분명하면 과거, 현재, 미래의 죄까지도 다 용서받았기 때문에 더는 회개할 필요가 없다고 가르칩니다. 그날을 기억하는 것이 구원의 가장 확실한 증거이지 지금 어떻게 사느냐가 중요한 증거가 되지 못합니다. 그러니 필연적으로 성화가 결여되고 육신적 거룩이 중요하지 않습니다. 그래서 구원파를 영은 거룩하고 육은 악하다고 믿었던 영지주의의 현대판이라고 말합니다.

한국교회 안에도 이런 유사한 사상이 많이 들어와 있습니다. 성화를 강조하지 않는 한국교회가 칭의에 머물게 된 것입니다. 성화를 강조하지 않으니 거룩에 대한 노력이 없어지면서 "믿는 사람이나 안 믿는 사람이나 똑같다"든지, 심지어 "믿는 사람들이 더하다"는 말을 듣게 된 것입니다. 따라서 칭의로 구원받았다면 평생 두렵고 떨림으로 성화 구원을 이루어 가야 합니다. 그렇다고 칭의는 하나님이 이루어 주시고, 성화는 우리가 하는 것이 아닙니다. 성화의 과정도 우리 안에서 힘 주시고 능력 주시는 하나님이 우리를 통해 이루어 가십니다.

하나님 등에
바짝 붙어 있어야 합니다

바울은 '두렵고 떨림으로 구원을 이루라'는 12절에 이어 이렇게 말합니다.

"너희 안에서 행하시는 이는 하나님이시니 자기의 기쁘신 뜻을 위하여 너희에게 소원을 두고 행하게 하시나니"(빌 2:13).

13절에서 중요한 접속사가 번역되지 않았습니다. 성경 원문에 있는 '가르'라는 단어입니다. 그 뜻은 '왜냐하면'입니다. 원어대로 보면 12-13절은 이렇게 번역되어야 합니다. "두렵고 떨림으로 너희 구원을 이루라 (왜냐하면) 너희 안에서 행하시는 이는 하나님이시니 자기의 기쁘신 뜻을 위하여 너희에게 소원을 두고 행하게 하시나니." 즉 성화 구원도 우리 안에서 소원을 두고 행하시는 하나님이 이루어 가신다는 뜻입니다.

그렇다고 성화에서도 칭의처럼 인간이 할 일이 전혀 없는 것은 아닙니다. 그럼 인간과 하나님이 반씩 나눠서 성화를 이루는 것일까요? 그렇지도 않습니다. 그렇게 되면 신인협동설이라는 신학적인 문제가 생깁니다. 그렇다면 도대체 성화의 단계에서 하나님의 역할과 인간의 역할은 어떻게 구분될까요?

어떤 사람이 인간의 노력으로는 스스로 나올 수 없는 구덩이에 빠졌다고 해 봅시다. 모든 방법을 다 사용해 보았지만 빠져나오기는 불가능했습니다. 이때 하나님이 구덩이 안으로 손을 내미셨습니다. 그 사람의 손은 하나님의 손을 잡을 힘조차 없었습니다. 하나님은 그 사람의 팔을 전적으로 잡아 건져 내셨습니다. 그 사람은 구덩이에서 건짐받는 구원을 얻었습니다. 이것이 칭의 구원입니다. 그 후 그는 하나님과 함께 걸어갑니다. 이것이 성화의 과정입니다.

그런데 성화의 과정에서 인간은 하나님과 손잡고 걷는 것이 아님니다. 하나님 등에 업혀서 걷는 것입니다. 구덩이에 빠져 모든 힘을 상실한 영혼을 구원하시고, 그 연약한 영혼을 하나님이 업고 영화로운 구원의 지점까지 가시는 것입니다. 따라서 칭의는 하나님의 몫, 성화는 인간의 몫이 아니라 모든 것이 하나님이 하시는 일입니다. 구원의 모든 과정은 하나님이 시작하셨고, 하나님이 이끄시고, 하나님이 완성하실 것입니다.

그런데 성화의 과정에서 하나님 등에 업혀서 갈 때 우리가 해야 할 것이 있습니다. 하나님 등에 업혀 있는 우리는 하나님을 전적으로 신뢰하고 순종해야 합니다. 강을 건널 때도 있고, 높은 다리를 건널 때도 있고, 험산 준령을 지날 때가 있어도 하나님 등에 업혀 묵묵히 그분의 걸음을 신뢰하고 끝까지 가야 합니다. 이것이 유일한 우리의 몫입니다. 무서운 강을 만나면 내려 달라 발버둥치거나 왜 이런 곳으로 나를 데리고 왔냐고 원망하지 말고 하나님을 신뢰하여 그분의 등에 바짝 붙어 있어야 합니다. 무섭고 힘들수록 하나님 등에 더욱 밀착해서 떨어지지 말아야 합니다. 그것이 우리가 살길이며 우리가 유일하게 해야 할 일입니다.

한 가지 확실한 것은 계곡을 지나든지 깊은 강을 건너든지, 벼랑과 벼랑 사이에 놓인 밧줄 위를 걷든지 하나님은 절대로 우리를 포기하거나 놓치지 않으십니다. 이것을 신뢰하며 경거망동하지 않고 하나님께 붙어 있는 것이 믿음입니다.

원망과 시비 없이
걸어가야 합니다

하나님의 등에 업혀서 신앙의 길을 걸어가는 사람들에게 요구하는 사항이 있습니다. 바로 원망과 시비 없이 걸어가라는 것입니다.

"모든 일을 원망과 시비가 없이 하라"(빌 2:14).

신앙생활을 하는 사람들이 하나님을 향해 가져야 할 가장 기본적인 마음입니다. 하나님을 원망하면 안 됩니다. 모든 길을 하나님이 인도하고 계신다는 사실을 신뢰하고 묵묵히 그 길을 걸어가야 합니다. 원망과 시비는 이스라엘 백성들이 광야 생활에서 가나안에 들어가기 전까지 했던 것입니다. 홍해를 건너는 것을 칭의 구원에, 40년 광야 생활을 성화 구원에, 가나안에 들어가는 것을 영화 구원에 비유할 수 있습니다. 그런데 40년 성화 기간 동안 이스라엘 백성들의 가장 고질적인 문제는 원망과 시비였습니다.

그러면 이스라엘 백성은 왜 광야에서 하나님을 원망했습니까? 하나님이 그들을 애굽에서 데리고 나온 후 더 이상 그들과 함께하지 않는다고 생각했기 때문입니다. 하나님이 그들을 광야에 버렸다고 생각했기 때문입니다. 하나님은 떠나시고 스스로 광야를 헤쳐서 가나안으로 가야 한다고 생각하니 원망과 시비가 자연스레 나온 것입니다. 설령 하나님이 함께 계신다고 해도, 그들을 더 좋은 가나안으로 데리고 가시기 위함이라는 것을 잊어버렸습니다.

그때 그들이 기억해야 할 것은 애굽에서 나오게 하신 하나님, 구름 기둥과 불기둥으로 인도하신 하나님, 광야를 모두 지나가게 하시는 하나님, 가나안에 들어가게 하시는 하나님이었습니다. 이를 기억하면 원망과 시비가 사라지게 됩니다. 후에 모세는 가나안 땅을 눈앞에 두고 지난 40년을 회고하며 고백했습니다.

"광야에서도 너희가 당하였거니와 사람이 자기의 아들을 안는 것같이 너희의 하나님 여호와께서 너희가 걸어온 길에서 너희를 안으사 이곳까지 이르게 하셨느니라"(신 1:31).

바울이 빌립보교회 성도들에게 광야 이야기를 상기시키면서 하고자 하는 말이 무엇입니까? "형제들이여, 예수님을 믿고 신앙생활을 시작한 후에 이유를 모르는 일들이 여러분에게 닥치고, 원하지 않는 길로 가는 것 같고, 생각보다 뜻하는 바가 더디 이루어지고, 너무 힘들어 당장이라도 포기하고 싶은 순간이 와서 믿음에서 떠나고 싶을 때 이것 하나만은 기억하십시오. 하나님은 그 순간에도 일하고 계신다는 사실을 말입니다."

"너희 안에서 행하시는 이는 하나님이시니 자기의 기쁘신 뜻을 위하여 너희에게 소원을 두고 행하게 하시나니"(빌 2:13).

지금 내가 처한 환경 가운데서도 하나님이 일하고 계시다는 것을 기억하라는 것입니다. 그러기에 섣불리 원망하지도, 이 길이 맞다 틀렸다 시비를 가리지도 말라는 것입니다. 때로는 이해할 수 없어도 성화의 길을 믿음 하나로 묵묵히 걸어가는 것이 우리가 보여 줄 수 있는 가장 큰 믿음입니다. 우리를 빚어 가시는 하나님의 손에 나를 온전히 맡길 수 있는 것, 그것이 얼마나 큰 믿음입니까.

마라톤 같은 고통의 과정이 왜 시작되었는지 우리는 모릅니다. 사람들은 하나님이 정금같이 만드시는 것이니 참으라고 하지만 당사자는 정금이 되고 싶은 마음이 눈곱만큼도 없습니다. 그저 평범하게 남들만큼만 살기를 원하는데, 왜 내가 원하지도 않은 풀무 연단을 시키시는지 알 수 없습니다. 그러나 이런 내 감정과 상관없이 부인할 수 없는 사실 한 가지는 하나님이 지금도 내 안에서 일하고 계신다는 사실입니다.

나는 알지 못하지만 하나님이 그분의 뜻을 내 마음 안에서 이루어 가고 계신다는 사실은 부인할 수 없습니다. 바울은 그 결과가 무엇인지, 그 큰 뜻이 무엇인지는 몰라도 마음속에 원망과 시비 없이 그 걸음을 걸으라고 합니다.

그러면서 우리를 이렇게 작정하여 부르시고, 우리를 업고 그 길을 걸어가시는 이유는 어두운 세상에 빛을 비추는 빛나는 인생을 만드시기 위함이라고 말합니다.

"이는 너희가 흠이 없고 순전하여 어그러지고 거스르는 세대 가운데서 하나님의 흠 없는 자녀로 세상에서 그들 가운데 빛들로 나타내며"(빌 2:15).

우리가 어려운 중에도 하나님을 신뢰하여 그분의 등에 업혀 묵묵히 걸어가는 모습이 어두운 세상을 비추는 빛이 된다고 말씀하십니다. 성공해서야 빛을 비추는 것이 아니라 어렵고 힘든 중에서도 주님을 신뢰함으로 그분의 등에 바짝 업혀서 어두운 계곡 길을 지나가는 그 모습이 빛이 된다고 말씀하십니다.

주님의 등에 업혀 반짝반짝 빛나는 길을 걷는 사람도 있고, 주님의 등에 업혀 험산 준령을 건너가는 사람도 있을 것입니다. 그러나 우리가 빛이 아니라 우리를 업고 걸어가시는 예수님이 이 땅에 오신 빛이기에 그 누구라도 주님과 함께 걷기만 한다면 빛나는 인생이 될 것입니다.

10. 진실한 동역자 디모데

내가 디모데를 속히 너희에게 보내기를
주 안에서 바람은
너희의 사정을 앎으로 안위를 받으려 함이니
빌립보서 2:19-24

더디고 서툴더라도
함께 가야 합니다

우리는 주님의 자녀로 부름받아 주님의 일을 하는 일꾼들입니다.
그런데 우리가 주의 일을 감당할 때 원칙이 하나 있습니다. 독불
장군처럼 혼자 일하는 것이 아니라 다른 사람과 함께 일해야 한
다는 것입니다. 어떤 일을 맡기면 혼자 열심히 일하는 사람이 있
습니다. 갸륵한 마음이기는 하지만 주님이 기뻐하시는 마음은 아
닙니다. 주님은 더디고 서툴더라도 여러 사람과 함께 주의 일을

감당하는 것을 기뻐하십니다. 어떤 일을 잘 마치는 것보다 중요한 것은 그 일을 마쳤을 때 주의 일꾼들이 세워지는 것입니다.

삼위 하나님도 그렇게 사역하셨습니다. 하나님은 홀로 기사를 행하지 아니하시고 성부, 성자, 성령 삼위일체로 함께 천지를 창조하셨고, 지금도 다스리고 계십니다. 또한 예수님은 이 땅에 오셔서 십자가를 지시는 대속의 사역을 하셨습니다. 대속의 사역을 혼자 하시는 것이 편하셨을까요, 아니면 베드로처럼 실수 많은 사람과 함께하시는 게 편하셨을까요? 예수님은 하나님이시기에 혼자 하셔도 될 일이었지만 12명의 제자들과 함께하셨고 그들을 훈련하셨습니다. 하나님의 일은 혼자 하는 것이 아닌 함께하는 것임을 깨닫게 해 주시려는 것입니다.

동역하지 않고 혼자 일하면 마음 맞출 수고도 없고 일도 빨리 끝낼 수 있습니다. 그러나 주님은 함께하라고 하십니다. 함께 일을 마쳤을 때 마음이 하나 되는 동역자들을 세우는 것이 일을 맡기신 주님의 궁극적인 바람일 것입니다.

탁월한 영적 리더인 바울도 혼자 일하지 않았습니다. 늘 함께 일했습니다. 신약 성경 27권 중 13권을 바울이 썼는데, 바울 서신의 대부분은 바울이 불러 주면 그 내용을 대필한 것입니다. 성경조차도 함께 기록한 것입니다. 바울은 눈이 좋지 않아서 성경을 기록할 여건이 되지 않았기 때문입니다. 로마서도 바울이 직접 쓴 것이 아니라 더디오라는 사람이 듣고 기록한 것입니다. 깔끔한 글씨로 파피루스에 기록해 주는 사람들이 있었기 때문에 우리에게 바울 서신 13권이 오게 되었습니다. 바울이 불세출의 영웅처럼 보이지만 그와 함께한 동역자들 때문에 바울이 바울 될 수 있었습니다.

마음이 통하는
동역자가 되어야 합니다

수많은 동역자 중에서도 바울이 가장 아끼는 사람이 있었습니다. 디모데입니다. 디모데는 어떻게 바울이 가장 신뢰하여 어떤 일이든 맡길 수 있는 동역자가 될 수 있었을까요? 디모데의 모습을 통해 주의 일을 하는 동역자의 자세에 대해 살펴보겠습니다.

첫 번째, 디모데는 바울과 한마음을 가진 동역자였습니다.

"내가 디모데를 속히 너희에게 보내기를 주 안에서 바람은 너희의 사정을 앎으로 안위를 받으려 함이니 이는 뜻을 같이하여 너희 사정을 진실히 생각할 자가 이밖에 내게 없음이라"(빌 2:19-20).

'너희의 사정을 안다'는 것은 대충 아는 것이 아니라 깊이 있게 아는 것을 의미합니다. 바울은 그러한 사정을 진실하게 생각할 사람은 디모데밖에 없다고 말합니다. 바울이 이렇게 생각한 이유는 디모데와 마음이 하나였기 때문입니다.

감옥에 있던 바울이 빌립보교회에 쓴 편지를 전해 주고, 교회 사정을 면밀히 보고 돌아와 소상히 알려 줄 사람으로 선택한 사람이 디모데입니다. 바울과 빌립보교회의 동역은 십 년이 넘었습니다. 빌립보교회는 신실하게 바울과 동역하고 있었습니다. 그런데 바울의 귀에 들려오는 빌립보교회의 소식 중에는 좋은 소식과 나쁜 소식이 있었습니다.

좋은 소식은 빌립보교회가 어려운 중에도 주님 안에서 거하고 있다는 것이었습니다. 나쁜 소식은 빌립보교회의 기쁨을 빼앗으려고 밖에서 들어온 사람들이 성도를 유혹하고 있어 분열의 징후가 보인다는 것이었습니다. 결정적인 증거로 빌립보교회의 신실한 두 집사 유오디아와 순두게가 다투고 있었습니다. 이 사정을 자세히 알아 보라고 보낸 사람이 디모데였습니다. 디모데를 보낸 이유는 마치 바울 자신이 가는 것과 같았기 때문입니다. 디모데는 빌립보교회를 위로하고 분열의 이유가 무엇인지 면밀하게 전달할 수 있는 사람이었습니다.

따라서 좋은 동역자는 마음이 통하는 동역자입니다. 한뜻, 한 언어, 한 방향을 갖는 동역자가 좋은 동역자입니다. 주님의 일은 뜻이 맞는 사람과 하는 것이 지극히 정상입니다. 모세는 40년간 광야 생활을 할 때 여호수아와 함께 일하길 원했습니다. 마음이 통하는 동역자였기 때문입니다. 모세는 가나안 땅을 정탐하기 위해 정탐꾼 12명을 보냈습니다.

"사람을 보내어 내가 이스라엘 자손에게 주는 가나안 땅을 정탐하게 하되"(민 13:2).

모세는 12명의 정탐꾼에게 땅을 보고 오라고 했습니다. 하나님이 젖과 꿀이 흐르는 땅을 주신다고 약속하셨으니 땅을 보면 되는 것이었습니다. 그런데 40일 후에 돌아와 그 땅에 못 가겠다고 한 10명은 무엇을 보았습니까?

"그러나 그 땅 거주민은 강하고 성읍은 견고하고 심히 클 뿐 아니라 거기서 아낙 자손을 보았으며 … 그와 함께 올라갔던 사람들은 이르되 우리는 능히 올라가서 그 백성을 치지 못하리라 그들은 우리보다 강하니라 하고"(민 13:28, 31).

그들은 땅에 대한 이야기는 하지 않고 아낙 자손 이야기만 합니다. 모세는 사람을 보고 오라고 하지 않았습니다. 그런데 그들은 사람만 보고 와서 모세에게 엉뚱한 이야기만 했습니다. 반면 정탐꾼 2명은 모세가 보고 오라고 한 땅을 보았습니다.

"그 땅을 정탐한 자 중 눈의 아들 여호수아와 여분네의 아들 갈렙이 자기들의 옷을 찢고 이스라엘 자손의 온 회중에게 말하여 이르되 우리가 두루 다니며 정탐한 땅은 심히 아름다운 땅이라"(민 14:6-7).

이들은 처음부터 끝까지 땅만 말합니다. 12명 중 10명은 사람만 보고 와서 "우리는 못 갑니다. 우리는 메뚜기처럼 터질 것입니다"라고 말했고, 2명은 "그 땅은 젖과 꿀이 흐릅니다. 그곳에 비록 사람이 살고 있지만 저들은 하나님이 차려 둔 밥상과 같아서 우리의 밥에 불과합니다"라고 말했습니다. 2명만이 모세가 보고 오라고 한 것을 보고 모세와 같은 말을 했습니다. 이런 사람이 동역자입니다. 바울도 디모데와 함께한 이유를 나와 뜻을 함께하기 때문이라고 밝혔습니다.

바울과 디모데는 마음이 통하는 동역자였습니다. 모세도 마음이 맞는 여호수아와 갈렙과 함께 사역했습니다. 마음이 맞지 않는 10명을 설득해서 함께 사역했다는 구절은 성경 어디에도 없습니다. 마음이 맞는 갈렙과 여호수아와 함께해야 백성이 산다는 것을 알았던 것입니다.

디모데와 바울은 마음, 언어, 관심, 감정이 통하는 관계였습니다. 그 마음이 있었기 때문에 누구를 보낼까 할 때 조금도 망설이지 않고 디모데를 보냈습니다. 내가 누군가의 곁에서 동역하고 있다면 그 동역자의 마음의 소리를 듣기 바랍니다. 한마음, 한뜻, 한 생각으로 하나님의 일을 감당할 때에 하나님이 놀라운 은혜와 복을 주실 것입니다.

주님의 일을 먼저 생각하는
동역자가 되어야 합니다

두 번째, 디모데는 자기 일보다 예수님의 일을 우선시하는 동역자였습니다.

> "그들이 다 자기 일을 구하고 그리스도 예수의 일을 구하지 아니하되"(빌 2:21).

이 말은 디모데는 자기 일을 구하지 않고 그리스도 예수의 일을 구했다는 것입니다. '그들이'라는 복수 표현으로 보아 자기의 일을 구하는 사람들이 있었는데 디모데는 그렇지 않았다는 것입니다.

바울이 빌립보교회로 누군가를 보내려고 했을 때 디모데 외에도 다른 후보가 있었을 것입니다. 열이면 열 모두 자기의 일을 구하고 그리스도의 일을 구하지 않았는데, 디모데는 자기의 일을 구하지 않고 하나님의 일을 구했습니다. 그러니 바울이 디모데를 선택할 수밖에 없었습니다. 세상에 자기 일이 바쁘지 않은 사람이 어디에 있겠습니까? 주님이 보낸다고 다 가는 것도 아니고 주님이 명령한다고 다 하는 것도 아닙니다. 모두 자기 일이 급하면 다음에 한다고 합니다.

그러나 하나님의 일은 다음이 없습니다. 다음을 어떻게 보장할 수 있겠습니까. 기회가 왔을 때 문 열고 들어가야 합니다. 험한 길이라도 그 길을 갔다 온 사람이 디모데입니다. '그들이 다 자기의 일을 구하고'에서 이 '다'에 속했던 사람 중 이름을 알 수 있는 사람은 없습니다. 성경은 기록하지 않았습니다. 주님의 일에 순종하지 않고 다음이라고 했던 사람은 역사 속에서 아무도 기억하지 않습니다. 주의 일이 중요해서 "네" 하고 나섰던 사람의 이름을 우리는 알고 있습니다. 바로 디모데입니다. 순종했던 사람은 역사가 기억하고, 성경이 기억하고, 하나님이 기억하셔서 2천 년 동안 설교의 주인공으로 등장합니다. 반면 지금은 힘들다고 주의 일을 거절했던 사람의 이름은 아무도 모릅니다.

12명의 정탐꾼 중 하나님이 주신 땅이 좋은 땅이라고 이야기했던 사람의 이름을 성경은 여호수아와 갈렙이라고 기록했습니다. 그러나 10명의 정탐꾼에 대해서는 10명이라고만 이야기합니다. 성경에 이름이 나오긴 하지만 그 10명의 이름을 기억하거나 부르는 사람은 없습니다.

내 일보다 주님의 일을 먼저 생각하고 순종하면 하나님이 어찌 그 사람을 잊을 수 있겠습니까? 저는 목회하면서 세운 철칙이 있습니다. '내가 주님의 일을 하면 주님이 내 일을 해 주신다'는 것입니다. 내 일이 아무리 급해도 주님이 명령하시면 "아멘"으로 순종해서 주님의 일을 하면 주님이 내 일을 해 주십니다.

세 번째, 디모데는 성도들에게 인정받는 동역자였습니다.

"디모데의 연단을 너희가 아나니 자식이 아버지에게 함같이 나와 함께 복음을 위하여 수고하였느니라"(빌 2:22).

바울은 빌립보교회 성도들에게 '디모데는 연단을 받으면서도 그 모든 어려움을 이겨 냈습니다. 마치 아버지를 대하듯이 나에게 성실하게 대했습니다. 디모데가 이러한 사람인 것을 여러분도 아시지요?'라고 묻고 그것을 빌립보교회 성도들이 인정했다는 것을 말해 주는 것입니다. 빌립보교회 성도들은 디모데가 멋진 사역자인 것을 알고 있었습니다.

교역자는 마땅히 하나님께도 인정받고, 동역자에게 인정을 받아야 하겠지만 성도들에게도 인정받아야 합니다. 성도들도 알고 있습니다. 진짜 주의 종으로 살고 있는지 단순히 교회에 취직했는지 말입니다. 교역자는 빌립보교회 성도들에게 인정받은 디모데처럼 인정받는 일꾼이 되어야 합니다.

바울 곁에 디모데와 같은 동역자와 에바브로디도 같은 멋진 평신도 지도자가 있었기 때문에 그는 불세출의 인물같이 등장할 수 있었습니다. 바울이 쓰임받은 것은 그 옆에 많은 동역자들이 자신을 빛나게 하지 않고 오히려 바울을 반짝반짝 빛나는 보석으로 만들었기 때문입니다. 훗날 디모데는 에베소교회 목회자가 되었습니다. 내가 누군가를 빛나게 해 주면 언젠가는 내가 그 자리에 서게 됩니다. 내가 그 자리에 서면 나를 빛나게 하는 동역자가 있을 것입니다.

또한 우리는 예수님과 동행하는 제자입니다. 제자는 예수님과 뜻을 같이하고, 예수님이 보시는 것을 같이 보고, 예수님의 발길이 머무시는 곳에 내 발길이 머무는 사람입니다. 제자인 우리도 예수님과 같은 방향을 바라보고 한 비전, 한뜻으로 나아가기를 소망합니다.

11. 존귀한 동역자 에바브로디도

너희가 주 안에서
모든 기쁨으로 그를 영접하고
또 이와 같은 자들을 존귀히 여기라
빌립보서 2:25-30

주어진 이름보다
만들어 가는 이름이 중요합니다

제가 자주 하는 말 중에 이런 말이 있습니다. "이름은 부모님이
지어 주시지만, 이름 앞의 수식어는 자기 인생으로 만들어 가는
것이다." 우리의 이름은 부모님이 지어 주시는 것이지만 이름 앞
에 붙는 수식어는 자신의 삶의 모습으로 붙게 하는 것입니다. 성
경에 나오는 사람의 이름 앞에도 떠오르는 수식어가 있습니다.
의심 많은 도마, 배신자 가룟 유다, 수제자 베드로, 사랑의 사도

요한 등입니다. 이처럼 지금까지 살아온 인생은 이름 앞에 붙는 수식어에 드러납니다. 이것을 알게 되면 내가 얼마나 멋진 이름을 가졌는가보다 내 이름 앞에 어떤 수식어가 따라오느냐가 신앙생활에 가장 중요한 것이라는 생각이 들면서 긴장되기도 합니다.

교회 안에서 집사, 권사, 장로, 교사 등의 직분을 받는 것은 하나님 나라의 일꾼으로 세워지는 것이기에 영광스러운 일입니다. 그런데 중요한 것은 무슨 직분을 받았느냐가 아니라 직분 앞에 붙을 수식어입니다. 그 수식어는 각자의 섬김으로 만들어 내야 합니다. 우리는 누군가의 직분보다는 그 사람에 대해 '참 정직했는데, 사랑이 많았는데, 믿음이 신실했는데' 같은 수식어를 기억합니다. 직분은 교회에서 주지만 수식어는 내가 만드는 것입니다.

본문에는 우리가 닮아야 할 멋진 일꾼이 등장합니다. 그는 교회의 신실한 성도였던 에바브로디도입니다. 저는 에바브로디도에게 가장 어울리는 수식어를 찾았는데 바로 '존귀한'입니다. 에바브로디도는 빌립보교회에서 파송된 평신도 사역자로 바울의 옥바라지를 했습니다. 그는 감옥에 있는 바울의 형편을 잘 돌보아 주라는 명령을 받고 왔습니다. 이렇게 보면 에바브로디도에게 주어진 사명은 인생을 다 걸만한 대단한 사명은 아닌 것 같습니다. 이 정도의 사명을 받은 사람은 세상에 많습니다. 이를 능가하는 큰 사명을 받은 사람도 세상에 넘쳐 납니다. 그런데 성경은 왜 에바브로디도에 대해 이렇게 자세히 기록하며 그 섬김을 칭찬하는 것일까요? 하나님은 그가 받은 사명의 종류가 아니라 사명을 감당하는 자세를 보고 기뻐하셨기 때문입니다.

진실하고 충성되게
섬겨야 합니다

감옥에 있는 바울의 쓸 것을 도우라는, 간단한 듯 보여도 간단하지 않은 명령을 에바브로디도는 어떤 자세로 감당했는지 살펴보겠습니다. 사명을 감당한 그의 자세는 이렇게 나옵니다.

"그러나 에바브로디도를 너희에게 보내는 것이 필요한 줄로 생각하노니 그는 나의 형제요 함께 수고하고 함께 군사 된 자요 너희 사자로 내가 쓸 것을 돕는 자라"(빌 2:25).

첫 번째, 그는 형제로 동역했습니다. 에바브로디도가 로마 감옥으로 파송받아 와서 바울의 사역을 친형제처럼 도왔다는 것입니다. '나의 형제'라는 뜻에는 그리스도 안에서 한 형제라는 일차적 의미도 있지만, 바울이 에바브로디도를 '나의 형제'라고 한 것은 그가 친형제를 대하는 것처럼 진실하게 맡은 소임을 감당해 주었기 때문입니다. 에바브로디도는 작은 사역이지만 자기 친형제의 일처럼 바울을 도왔습니다.

에바브로디도는 감옥에 있는 바울을 도우라는 사명을 받고 왔기 때문에 허드렛일을 했을 것입니다. 하찮은 일을 하찮게 할 수도 있었습니다. 그러나 그는 형제가 형제에게 하는 것처럼 진실하게 했습니다. 교회의 일꾼도 마찬가지입니다. 남의 일처럼 교회일을 하는 사람이 있는 반면 내 일처럼 교회 일을 하는 사람이 있습니다. 주의 일은 강 건너 남의 일처럼 대하는 것이 아닙니다. 바울이 '나의 형제'라고 부른 에바브로디도처럼 자신을 돌보는 것처럼 돌보아야 합니다.

두 번째, 바울은 에바브로디도를 '함께 수고한 자'라고 말합니다. '나의 형제'에서 더 나아가 '함께 수고한 자'라고 했습니다. 성도는 마땅히 수고하는 자리까지 나아가야 합니다. 저는 '수고'라는 단어를 '주의 일을 하면서 함께 땀을 흘려 본 사이가 되는 것'이라고 해석합니다. 복음을 위해 땀을 흘려 봐야 합니다. 사역하다 서로의 땀 냄새를 맡아 본 사이는 함께 수고한 관계가 됩니다.

에바브로디도와 바울은 서로 복음으로 수고하여 땀 흘리는 동역자였습니다. 에바브로디도는 어쩔 수 없이 파송받아 흉내만 내는 일꾼이 아니라 바울을 위해 진실된 땀을 흘리면서 수고한 동역자였습니다. 주님의 일은 함께 참여할 때 일어납니다. 교회를 위해 땀 흘리기 바랍니다. 복음의 현장에서 서로의 땀 냄새를 맡을 수 있도록 말입니다.

세 번째, 바울은 에바브로디도를 '나와 함께 군사 된 자'라고 말합니다. 땀 흘리는 단계를 넘어서 '함께 군사 된 자'로 표현합니다. '군사 된 자'의 뜻이 무엇입니까? 전쟁에 나가서 함께 싸우며 서로가 서로의 목숨을 담보하는 사이입니다. 다시 말하면 바울과 에바브로디도는 서로의 목숨을 나눈 사이라는 것입니다. 군대에서 2인 1조가 되어 한 명이 엄호하면 다른 한 명이 뛰어가고, 그 사람이 목적지에 도착하면 또 다른 사람이 엄호하며 서로의 목숨을 보증해 주듯이 둘은 그러한 관계가 된 것입니다. 에바브로디도는 바울을 위해 목숨까지도 내어놓는 군사 된 자로 섬긴 것입니다. 성도는 마땅히 교회를 위해서 자신의 생명을 내놓을 수 있는 단계까지 나아가야 합니다. 동역자를 위해서 자신의 구명조끼를 내어줄 수 있는 관계까지 나아가야 합니다.

하나님은 일꾼의 수고를
반드시 갚아 주십니다

나아가 에바브로디도는 바울을 위해 그의 목숨도 돌보지 않았습니다.

"그가 그리스도의 일을 위하여 죽기에 이르러도 자기 목숨을 돌보지 아니한 것은 나를 섬기는 너희의 일에 부족함을 채우려 함이니라"(빌 2:30).

에바브로디도는 할 수 없이 주어진 직분을 감당한 것이 아니라 기쁘게 자신의 목숨을 바치기까지 나아갔습니다. 최소한의 사역만 감당하거나 최선으로 사역을 감당한 것이 아니라, 최선을 넘어 목숨을 다하는 수준까지 사역했습니다. 지극히 작은 사명도 생명을 걸면서 감당하는 에바브로디도의 모습에서 큰 사명도 함부로 감당하는 오늘날의 일꾼들을 비교하게 됩니다.

또한 바울은 에바브로디도에 대해 '나의 쓸 것을 돕는 자'라고 말합니다. 에바브로디도는 바울의 형제를 넘어, 수고한 자의 자리를 넘어, 함께 군사 된 자리를 넘어 바울의 필요를 정확히 알고 쓸 것을 돕는 사람이었습니다. 진정한 동역자는 상대방의 필요를 정확히 알고 필요를 그때그때 채워 줄 수 있는 사람입니다. 에바브로디도는 그런 동역자였습니다.

그런데 에바브로디도가 병이 나고 말았습니다.

"그가 너희 무리를 간절히 사모하고 자기가 병든 것을 너희가 들은 줄을 알고 심히 근심한지라"(빌 2:26).

그것도 감기 정도가 아니라 죽을병에 걸렸습니다. 그가 얼마나 사역에 집중했는지 알 수 있습니다. 에바브로디도는 근심할 성도들의 마음을 헤아리느라 자신의 아픔은 아랑곳하지 않았습니다. 자신을 믿고 보내 준 빌립보교회가 마음 아파해서는 안 되기 때문에 병을 숨기면서까지 사역을 감당했습니다. 하나님이 이런 사람을 어떻게 외면하시겠습니까? 하나님이 그의 생명시계를 연장해 주셨습니다.

"그가 병들어 죽게 되었으나 하나님이 그를 긍휼히 여기셨고 그뿐 아니라 또 나를 긍휼히 여기사 내 근심 위에 근심을 면하게 하셨느니라"(빌 2:27).

에바브로디도의 모습에 하나님의 마음이 감동되어 병이 낫게 되었습니다. 자기 몸을 돌보지 않고 사명을 위해 달려가는 사람에게는 하나님이 긍휼을 베풀어 주십니다.

바울은 에바브로디도 때문에 근심하고 있는 빌립보교회 성도들의 마음을 진정시키고 기쁨을 주기 위해 그를 빌립보교회로 돌려보냅니다. 바울은 빌립보교회 성도들에게 목숨을 걸고 사명을 감당한 에바브로디도를 기쁨으로 영접해 달라고 당부합니다.

"그러므로 내가 더욱 급히 그를 보낸 것은 너희로 그를 다시 보고 기뻐하게 하며 내 근심도 덜려 함이니라 이러므로 너희가 주 안에서 모든 기쁨으로 그를 영접하고 또 이와 같은 자들을 존귀히 여기라"(빌 2:28-29).

하나님은 일꾼의 수고를 결코 잊지 않으십니다. 사람은 잊어도 하나님은 반드시 기억하십니다. 하나님만 인정해 주시는 것이 아니라 바울 같은 지도자에게도 칭찬받고 인정받게 됩니다. 그리고 결국에는 성도들에게도 박수받고 존경받는 일꾼이 됩니다.

"그러므로 내 사랑하는 형제들아 견실하며 흔들리지 말고 항상 주의 일에 더욱 힘쓰는 자들이 되라 이는 너희 수고가 주 안에서 헛되지 않은 줄 앎이라"(고전 15:58).

하나님은 에바브로디도의 헌신적인 수고를 보고 계셨습니다. 에바브로디도가 자신의 생명을 돌보지 않고 주님의 몸 된 교회를 사랑하고 섬기니 그 교회의 주인 되신 예수님이 에바브로디도를 살려 주신 것입니다. 주님께 충성한 사람은 하나님이 잊지 않고 그 수고를 갚아 주십니다. 이것이 하나님의 방법입니다. 내가 하나님의 일을 하면 하나님이 내 일을 해 주십니다. 주를 위해 흘린 땀과 눈물은 절대로 땅에 떨어지지 않고 하나님이 열매 맺게 하십니다.

내 이름 앞에는 어떤 수식어가 아름답게 빚어지고 있습니까? 이름은 단숨에 만들지만 수식어는 인생으로 만들어 가는 것입니다. 내가 갖고 싶은 수식어를 마음에 품고 일생동안 멋지게 만들어 가길 바랍니다. 그래서 주님 앞에 서는 날 이름 석 자를 내밀기보다 아름답게 빚어진 수식어를 드려 주님께 칭찬받을 수 있기를 소망합니다.

어둠이 우리를 삼키지 않게 하라

3장

12. 기쁨을 빼앗기지 않으려면

끝으로 나의 형제들아
주 안에서 기뻐하라
빌립보서 3:1-3

주 안에 있을 때만
기쁨을 빼앗기지 않습니다

'기쁨의 서신'이라는 별명답게 빌립보서는 '기쁨'이라는 단어를
멈추지 않고 사용합니다. 3장은 "끝으로 나의 형제들아 주 안에
서 기뻐하라"(빌 3:1)라고 시작합니다. '끝으로'의 헬라어 '로이폰'
은 '마지막으로'라는 뜻도 있지만 많은 경우 '더욱이', '그러므로'
처럼 강조 용법으로 사용됩니다. 이를 참고해 해석해 보면 "그러
므로 더욱 힘주어 말하노니 주 안에서 기쁨을 빼앗기지 마십시

오"가 됩니다. "주 안에서 기쁨을 빼앗기지 말라"는 것을 강조하기 위해 '끝으로'를 사용한 것입니다.

바울은 왜 기쁨이 넘쳐 나는 빌립보교회 성도들에게 기쁨을 빼앗기지 말라고 강조하는 것일까요? 신앙의 기쁨을 빼앗아 가는 기쁨 도둑이 있었기 때문입니다. 만일 첫 사역의 기쁨이 사라졌다고 느낀다면 그 원인은 환경이 아니라 내 안에 있던 기쁨을 도둑맞았기 때문입니다. 내 안의 기쁨을 도둑맞고 나면 기계적으로 일은 하지만 신앙생활에 의미가 사라지게 됩니다. 그래서 바울이 "주 안에서 기뻐하라"고 절절하게 외치며 강조한 것입니다.

그러면 기쁨을 빼앗는 도둑은 누구일까요? 바울은 빌립보교회에 들어온 두 가지의 기쁨 도둑을 말합니다. 율법주의와 자유주의입니다. 이번 장에서는 율법주의를 살펴보겠습니다. 바울은 교회에 들어온 율법주의자들을 이렇게 표현합니다.

"개들을 삼가고 행악하는 자들을 삼가고 몸을 상해하는 일을 삼가라"(빌 3:2).

바울은 율법주의를 세 가지로 설명합니다. 첫 번째, "개들을 삼가라"며 율법주의를 '개'라고 표현합니다. 여기서 사용된 '개'의 헬라어 '퀴온'은 주인 없이 들이나 산으로 돌아다니다가 죽은 짐승이나 더러운 것을 핥아 독을 묻혀 병을 옮기는 나쁜 개를 말합니다. 우리나라 성경에는 '개들을 삼가고'라고 표기되어 있지만,

원어 성경에는 '삼가라, 개들을'이라고 표기돼 있습니다. '개'라는 단어보다 '삼가라'를 강조하는 것입니다. 우리의 기쁨을 도둑질하기 위해 율법주의자들이 신앙에 죄책감의 굴레를 씌울 때 그것에 물리지 않도록 삼가 조심하라고 말하는 것입니다.

우리는 율법으로 구원받은 것이 아니라 예수 그리스도의 은혜로 구원받았습니다. 그런데 율법주의자들은 율법을 다 지키지도 않으면서 어떻게 예수 그리스도를 믿는 것으로 구원을 받을 수 있냐며 예수님의 보혈을 무가치하게 여기고 신앙을 병들게 합니다.

율법주의자들은 자신들은 율법을 지키는 척하면서 경건한 사람 흉내를 냅니다. 누가 기쁨으로 봉사하는지 가만히 보고 있다가 독 묻은 혀로 핥아서 그 기쁨을 빼앗아 버립니다. '이 율법 지켰냐, 저 율법 지켰냐' 캐물으면서 신앙의 죄책감을 부추깁니다. 예수님이 우리를 죄와 사망의 법에서 해방시켜 주셨는데도 율법으로 굴레를 씌워 예수님의 보혈로부터 멀어지게 합니다. 주님을 섬기는 기쁨의 자리에서 우리를 멀어지게 만듭니다.

이들은 자신의 추한 것을 가리고 경건한 척하며 빌립보교회 성도들에게 '율법은 지키고 그렇게 충성하는 거냐?', '율법 중에 몇 가지나 지키고 있느냐?' 등의 질문을 하며 교회 안에 들어와 기승을 부렸습니다. 그래서 바울은 이들을 심각한 전염병을 옮기는 야생 개에 비유한 것입니다. 이들과 몇 마디 이야기를 주고받다 보면 율법주의에 빠져 기가 죽고, 복음의 기쁨은 잃어버립니다. 어느새 주님과 멀어진 사람이 되어 율법주의의 수하에 놓이게 됩니다. 이런 율법주의 도둑에게 기쁨을 빼앗기지 않도록 주의해야 합니다.

예수님 한 분으로
충분합니다

두 번째, 바울은 율법주의자를 "행악하는 자"라고 말합니다. 성경에 나오는 가장 큰 악은 위선입니다. 율법주의자들은 위선자입니다. 율법은 그 누구도 지키지 못한다는 인간의 한계를 느끼게 해서 "오호라, 나는 곤고한 자로다. 내가 아무리 열심히 살아도 이 율법을 지킬 수 있는 능력이 내게 없으니 나를 이 죄와 사망에서 건져 줄 자가 누구냐?"라고 고백하게 합니다.

율법은 우리에게 그리스도가 필요한 것을 알려 줍니다. 그런데 율법주의자들은 자신은 율법을 다 지키는 것처럼 말하며 그리스도가 필요 없다는 듯 행동합니다. 바울은 율법을 지킬 능력이 없는데도 능력이 있는 것처럼 위선을 행하는 자들과 가까이하지 말라고 말합니다. 섣불리 악한 자들과 동행하지 말고, 그들을 변화시킬 수 있다고도 생각하지 말고 시편 1편의 기자처럼 함께 서지도, 앉지도, 먹지도 말라고 권면합니다.

세 번째, 바울은 율법주의자들에 대해 "몸을 상해하는 자"라고 말합니다. 개역한글 성경은 이를 "손 할례당을 삼가라"라고 표현합니다. 손 할례는 아기가 태어난 지 8일 만에 부모가 순수하게 믿음을 가지고 할례를 행했던 전통을 말하는 것이 아닙니다. 몸을 상하게 할 정도로 할례를 받아 놓고 그 할례 자국을 사람들에게 자랑하는 행위를 말하는 것입니다. 그런 할례의 흔적을 보여 주면 사람들은 '내 믿음은 저 사람의 헌신의 흔적과 상처에 비교하면 정말 아무것도 아니구나'라고 생각하게 됩니다. 바울은 이런 식으로 손 할례를 하여 자랑의 도구로 삼으며 군림하려는 자들을 경계하라고 말했습니다.

율법주의의 가장 위험한 점은 겉으로는 거룩하게 보인다는 것입니다. 자유주의는 오히려 분별하기가 쉽습니다. 교회에서 누군가가 "집사님, 뭘 그렇게 신앙생활 힘들게 해요. 담배도 좀 피우고 술도 마시며 살아요"라고 말한다면 '아, 저 사람은 믿음이 약한 사람이구나'라고 생각하지 그 사람을 존경하지 않습니다. 반도덕주의(anti-moralism), 도덕 폐기론자들처럼 신앙생활을 방만하게 하는 사람들도 존경받지 못합니다.

그러나 율법주의자는 자기 자신을 거룩한 척하는 태도에 숨기고 행동하기 때문에 쉽게 교회 리더도 되고 존경을 받기도 합니다. 그래서 이들을 분별하기가 쉽지 않습니다. 이들의 가장 위험한 점은 예수 그리스도의 속죄를 무효화시키는 것입니다. 율법주의자들은 예수님의 보혈 공로는 아무 의미 없이 만들고 다시 우리를 구약의 속죄 제사로 데리고 갑니다. 구원은 율법이 아닌 예수 그리스도를 믿는 믿음으로 받는 것임에 대해 성경은 이렇게 말합니다.

"사람이 의롭게 되는 것은 율법의 행위로 말미암음이 아니요 오직 예수 그리스도를 믿음으로 말미암는 줄 알므로 우리도 그리스도 예수를 믿나니 이는 우리가 율법의 행위로써가 아니고 그리스도를 믿음으로써 의롭다 함을 얻으려 함이라 율법의 행위로써는 의롭다 함을 얻을 육체가 없느니라"(갈 2:16).

"내가 하나님의 은혜를 폐하지 아니하노니 만일 의롭게 되는 것이 율법으로 말미암으면 그리스도께서 헛되이 죽으셨느니라"(갈 2:21).

"또 하나님 앞에서 아무도 율법으로 말미암아 의롭게 되지 못할 것이 분명하니 이는 의인은 믿음으로 살리라 하였음이라"(갈 3:11).

율법을 지키면 지킬수록 우리에게는 그리스도가 필요하다는 것을 더 느끼게 됩니다. 구약의 율법은 우리에게 그리스도가 필요하다고 외치는 역할을 합니다. 우리를 그리스도께로 인도하는 초등교사의 역할을 하는 것입니다. 이후 예수님이 오셔서 십자가 위에서 다 이루었다고 하셨을 때 율법의 완성이요, 율법의 마침이 되셨습니다. 예수님 안에서 다 이루어졌기 때문에 내가 예수님을 영접하면, 구약의 율법을 다 지키지 못해도 예수님이 다 이루신 그것과 동일한 효력이 일어납니다. 성경은 이것을 감격적으로 표현합니다.

"그리스도는 모든 믿는 자에게 의를 이루기 위하여 율법의 마침이 되시니라"(롬 10:4).

우리는 율법의 완성이시며 율법의 마침이신 예수님으로 충분합니다. 예수님은 "선지자로부터 모든 구약의 율법이 나를 가리킨다"라고 말씀하십니다. 그런데 우리는 예수님이 안 보인다고 합니다. 우리가 늘 조심해야 하는 부분입니다. 성경 안에서 율법만 보다 보면 그 주인공 되신 예수님이 안 보입니다. 오직 예수님만이 중심 되는 믿음에 있을 때, 그 어떤 도둑도 우리의 기쁨을 훔쳐 가지 못합니다.

성령으로 봉사하며
예수로 자랑하십시오

그렇다면 구체적으로 어떻게 살아야 믿음의 기쁨을 잃지 않을까요?

"하나님의 성령으로 봉사하며 그리스도 예수로 자랑하고 육체를 신뢰하지 아니하는 우리가 곧 할례파라"(빌 3:3).

기쁨을 유지하면서 주의 일을 하는 방법에는 세 가지가 있습니다. 첫 번째, 성령으로 봉사하는 것입니다. 기쁨과 열정으로 주의 일을 하다가 시간이 흐르면 기쁨은 사라지고 일만 남게 됩니다. 이때 우리는 '내려놓을 때가 됐나 보다' 하고 생각하게 됩니다. 그러나 바울은 이때가 '성령으로 봉사해야 할 때'라고 말합니다. 주의 일을 하다가 기쁨이 사라지면 내려놓을 때가 아니라 성령으로 기름 부음을 받아야 할 때입니다.

두 번째, 오직 예수님만 자랑해야 합니다. 사람은 열심히 일했는데 내 이름을 알아주지 않을 때 기쁨을 잃어버립니다. 교회에서 수고했는데 주보에 내 이름이 안 보일 때 실족하기도 합니다. 주의 일은 내 이름을 드러내기 위해 하는 것이 아닙니다. 성경은 오직 "예수로 자랑하고"라고 말합니다. 내가 산을 옮길 만한 믿음을 가지고 대단한 일을 해도 우리는 오직 예수님만 자랑해야 합니다. 자기 이름으로 봉사한 사람은 누가 알아주지 않으면 이내 내려놓지만, 예수님만 자랑하는 사람은 누가 알아주지 않아도 기쁨을 빼앗기지도, 지치지도 않습니다.

세 번째, 자기의 육체를 신뢰하지 않아야 합니다. 내 능력을 의지하지 말고 오직 예수님의 능력에 기대어서 일해야 합니다. 예수님의 능력을 의지할 때 그 능력은 나의 재주에서 나오는 것이 아니라 예수 그리스도의 능력의 이름에서 나옵니다.

율법주의자를 경계하느라 산과 들로 숨고, 방 안에 숨어 있으면 안 됩니다. 성령으로 봉사하고, 예수로 자랑하고, 예수의 능력을 의지해서 나아가야 합니다. 그런 사람은 어떤 상황에서도 기쁨을 빼앗기지 않을 것입니다.

13. 예수님을 만나면 시시해지는 것들

모든 것을 해로 여김은
내 주 그리스도 예수를 아는 지식이
가장 고상하기 때문이라
빌립보서 3:4-9

구원의 증거가
삶에 나타나야 합니다

예수님 믿기 전의 삶을 BC(Before Christ), 예수님 믿고 난 뒤의 삶을 AD(Anno Domini)라고 합니다. 예수님을 믿고 난 후 우리 삶에는 분명한 구원의 증거가 있어야 합니다. 우리의 믿음은 주변에 알려져 있습니까? 교회 다닌 지 10년이 되었는데도 주변 사람들이 "너 예수 믿었어? 교회 다녔어?"라고 묻는다면 우리는 자신의 믿음 상태를 한 번쯤 점검해 봐야 합니다. 그것은 예수님을 믿는데도 예수님을 믿는 증거가 나타나지 않았다는 것이기 때문입니다.

우리는 율법주의와 자유주의 사이에 있는 복음주의 신학을 가져야 합니다. 그런데 복음주의에도 두 줄기가 있는데, 하나는 개혁주의적 복음주의이고 다른 하나는 기계적인 복음주의입니다.

개혁주의적 복음주의는 나는 죽을 수밖에 없는 죄인이며, 오직 예수 그리스도의 은혜가 아니면 어떤 방법으로도 하나님을 만날 수 없다는 것을 깨닫는 것입니다. 그래서 철저히 회개함으로 하나님의 자녀가 되는 것입니다. 반면 기계적 복음주의는 철저한 회개와 자기 성찰 없이 '마음으로 예수 그리스도를 영접하면 구원받습니다' 같은 설교를 듣고 입으로만 고백하는 것입니다. 이렇게 되면 예수님을 믿어도 내가 믿는지 안 믿는지 헷갈리는 일들이 일어나게 됩니다.

'나는 옛날에는 눈먼 사람이었으나 예수님을 믿은 후 주님 안에서 찾은 바 되고 발견된 사람이다', '나는 노예를 팔아 부를 챙기는 흉악한 괴수였으나 주님에게 구원받아서 평생 그 죄를 갚는 마음으로 주님의 일꾼이 되었다' 등 자기만의 BC와 AD가 분명히 있어야 합니다.

초대교회는 우리에게 구원의 증거가 무엇인지 선명하게 보여줍니다. 초대교회 성도들처럼 BC와 AD가 확실한 그리스도인들이 역사 속에 또 있었나 싶을 정도로 그들의 구원은 대단히 역동

적이었습니다. 오늘날 우리가 예수를 믿고 구원받는 것과 초대교회의 구원은 달라 보입니다. 요즘 성도들의 신앙은 줄타기를 하는 것처럼 아슬아슬해 보입니다. 초대교회의 회심이 한국교회 안에서도 일어나야 합니다. 다른 말로 하면 구원의 분명한 증거가 우리의 삶에서 나타날 수 있어야 합니다.

초대교회의 성도들은 예수님 믿는 것을 생명과 바꾼 사람들이었습니다. 그만큼 회심이 급진적이었습니다. 그래서 초대교회 성도들은 예수님을 믿게 된 것을 숨길 수가 없었습니다. 세상에 숨길 수 없을 만큼 BC와 AD의 모습이 다르게 변화되었기 때문입니다. 그런데 왜 한국교회 안에는 이런 모습이 보이지 않을까요? 내 옆 사람도 모를 정도로 변화가 나타나지 않는 것일까요? 그 이유에 대해 살펴보도록 하겠습니다.

진짜 보석을
발견했을 때의 기쁨을 아십니까?

성경에서 BC와 AD가 가장 분명하게 나뉘는 사람을 찾으라고 하면 아마도 사도 바울일 것입니다. 사도 바울은 과거의 삶을 아주 자세하게 설명합니다.

"그러나 나도 육체를 신뢰할 만하며 만일 누구든지 다른 이가 육체를 신뢰할 것이 있는 줄로 생각하면 나는 더욱 그러하리니 나는 팔일 만에 할례를 받고 이스라엘 족속이요 베냐민 지파요 히브리인 중의 히브리인이요 율법으로는 바리새인이요 열심으로는 교회를 박해하고 율법의 의로는 흠이 없는 자라"(빌 3:4-6).

바울은 예수님을 믿기 전, 무엇에 가치관을 두고 생명을 걸고 살았는지 숨김없이 이야기했습니다. 바울은 그의 아버지가 전쟁의 공을 세워서 얻었던 로마 시민권 때문에 자연스럽게 로마 시민으로 태어났습니다. 바울의 아버지는 로마 시민권을 가진 사람이었지만 바울이 태어난 지 8일 만에 할례를 받게 할 정도로 유대 율법을 따랐습니다. 한 손에는 로마 시민권을, 다른 한 손에는 유대인의 전통을 가진 사람이 바울이었습니다.

그는 또한 베냐민 지파라는 탁월한 가문에서 태어난 사람이었고, 바리새인이라는 직책도 받았습니다. 바리새인은 가지고 태어나는 것이 아니라 주어지는 권한이었습니다. 그는 율법을 정확히 공부해서 '바리새인 중의 바리새인'이 되었습니다. 그러니까 예수님을 만나기 전 바울의 삶은 세상 그 어떤 사람보다도 성공의 걸음을 걷던 삶이었습니다.

성공의 정점인 산헤드린 공회원이 되는 순간이 눈앞에 온 것 같았을 때 바울에게 엄청난 사건 하나가 일어납니다. 그야말로 BC와 AD가 나뉘는 충격적인 만남을 경험하는데, 바로 예수 그리스도를 만난 것입니다. 바울은 자신의 삶을 대충 살지 않았습니다. 금쪽같은 날들을 지새우면서 율법을 외웠습니다. 흠이 없어야 통치자가 될 수 있기에 스스로를 깨워 정결하게 살려고 노력했습니다. 살얼음판을 걷는 것처럼 자기 인생을 소중하고 조심스럽게 대했습니다.

그런데 예수님을 만난 그날, 바울은 자신이 살아온 지난 모든 시간들이 무너지는 소리가 들렸습니다. 자기의 살아온 궤적들을 돌아보니 배설물을 모으는 것과 같은 삶이었음을 깨닫게 되었습니다. 율법에 흠이 없으려고 살았던 날들이 쓰레기 같은 삶이었다는 뜻이 아니라 진짜 보석인 예수님을 만나고 나니 그 모든 것이 쓰레기 이상의 값어치를 쳐 줄 수 없게 되었다는 말입니다.

지나온 삶이 쓰레기는 아니지만 진짜 예수님을 만나고 보니 그분을 위해 내 인생을 바쳐도 좋다는 고백이 저절로 나오는 것입니다. 예수님을 만나는 것은 이토록 충격적인 만남입니다. 그런데 예수님을 믿는지 주변 사람들이 아무도 몰랐다고 하는 사람과 바울이 만난 예수님은 똑같은 분이신데 왜 이토록 삶의 모습이 다른 것일까요?

진짜를 만나기 전까지는 가짜가 진짜처럼 행세할 수 있습니다. 진짜가 없으니 가짜를 진짜라고 해도 반박할 논리가 없습니다. 그러나 그 모든 가짜를 단번에 가짜로 판명할 수 있는 것은 진짜

가 나타나면 됩니다. 진짜 예수님을 만나면 그 모든 것들의 의미
가 새롭게 해석될 것입니다. 태양을 쳐다본 사람이 가로등을 보
고 눈이 부시겠습니까? 태양을 쳐다본 사람이 어느 빛에 감탄하
며 현혹되겠습니까? 태양에 눈을 맞춘 사람은 그 어떤 불빛에도
마음을 빼앗기지 않습니다. 바울이 다메섹으로 가던 그때 그가
본 것은 태양이 아닙니다. 바울이 이토록 급진적으로 예수님 안
으로 들어오게 된 것은 하루 중 가장 강하게 빛나는 태양보다 더
밝게 빛나는 빛을 봤기 때문입니다. 이 사건에 대해 바울은 왕에
게 이렇게 말했습니다.

> "왕이여 정오가 되어 길에서 보니 하늘로부터 해보다 더 밝은 빛
> 이 나와 내 동행들을 둘러 비추는지라"(행 26:13).

그가 본 것은 정오의 태양보다도 더 밝은 예수님이셨습니다.
태양보다 더 밝은 예수님이 우리의 빛 되시는데 그 무엇이 빛날
수 있겠습니까? 세상 것을 버리려고 노력하지 마십시오. 먼저 예
수님이 얼마나 귀한 분이신지를 아는 것이 중요합니다. 귀한 것
을 알면 저절로 버려지기 때문입니다. 진짜 예수님을 만나는 게
중요합니다.

예수 그리스도는
율법의 마침이 되십니다

바울은 예수님을 만나고 나니 "나는 율법에 매인 사람이었다"고 고백합니다. 율법은 악한 것이 아니고 모세를 통해 하나님이 우리에게 주신 것입니다. 그런 율법이 저주처럼 된 것은 우리에게 율법을 지킬 능력이 없기 때문입니다. 율법이 악한 것이 아니라 우리가 악한 것입니다. 그래서 율법이 우리에게는 사망의 도구와 같은 역할을 하는 것입니다. 이전에 바울은 율법을 다 지켜 낼 수 있다는 기고만장한 삶을 살았습니다. 그는 태어난 지 8일 만에 할례를 받은 이스라엘 족속이요 히브리인이었으며, 바리새인 중의 바리새인이었으니 율법에 매인 삶의 요약본이 된 것입니다.

하지만 율법은 바울을 의롭게 만들지 못했습니다. 율법을 지키면서 의로워져야 하는데 바울은 난폭해졌습니다. 율법을 지킬수록 '나는 지켰는데 너는 못 지키느냐, 너를 정죄하리라'며 돌을 들기 시작했습니다. '율법에는 흠이 없는 사람으로 살았다'라고 하니 바울의 눈에는 살려 둘 사람이 없어 보였을 것입니다. 율법은 사람을 정죄함으로 사망을 낳습니다. 이런 그의 모습을 성경은 이렇게 말합니다.

"사울이 주의 제자들에 대하여 여전히 위협과 살기가 등등하여 대제사장에게 가서"(행 9:1).

바울 눈에는 아무도 살려 둘 사람이 없고 모두 죽여야 하는 살기등등한 사람이 되었습니다. 이 모습이 율법이 만들어 낸 괴물입니다. 그런데 살기등등한 바울에게 예수님이 나타나셨습니다. 율법을 지키는 것이 의를 이루는 것이라고 여기며 살아온 그가 예수님을 만나고 난 뒤 어떤 충격을 받은 것일까요?

"그리스도는 모든 믿는 자에게 의를 이루기 위하여 율법의 마침이 되시니라"(롬 10:4).

바울은 율법을 지켜서 완성하는 것이 아니라 그리스도가 율법의 마침이 되시는 것임을 알게 되었습니다. 율법을 지키는 것은 행함으로 되는 것이 아니라 그리스도를 믿는 것으로 되는 것임을 알았습니다. 그리스도를 믿는 것이 율법을 다 지키는 것과 같은 의를 이루는 것임을 깨닫게 되었습니다.

"이같이 율법이 우리를 그리스도께로 인도하는 초등교사가 되어 우리로 하여금 믿음으로 말미암아 의롭다 함을 얻게 하려 함이라"(갈 3:24).

바울은 율법에 매인 삶에서 예수님 안으로 들어온 삶을 살게 되었습니다. 그래서 그는 "그 안에서 발견되려 함이니"(빌 3:9)라고 고백합니다. 바울은 누구든지 나를 찾고 싶다면 예수 안에서 찾으라고 합니다. 예수를 만나기 전까지 사울이라는 이름만 들어도 모르는 사람이 없을 정도로 성공의 정점에 있었지만, 이제 그곳에서는 더 이상 자신을 찾을 수 없을 것이라고 합니다. 오직 그리스도 예수 안에서만 찾을 것이라고 합니다.

우리는 어디에서 발견되기를 원합니까? 우리가 인정받고자 하는 대상은 사람이 아닙니다. 우리가 발견되어야 할 자리는 오직 예수님 안이어야 합니다. '교회에서 내가 봉사를 얼마나 열심히 했는데 혹시 성도들이 나를 몰라주는 거 아니야?'라고 걱정할 것이 아니라 '주님이 나를 기억하고 계실까?'를 물으며 예수 안에서 발견되기를 몸부림쳐야 합니다.

'세상의 자리, 성공의 자리에서 나를 잊어버려도 좋다. 나는 그리스도 안에서 발견되기를 원하노라'는 믿음이 우리에게 필요합니다. 그 믿음이 우리의 삶을 그리스도 안에서 발견되게 하고 예수님을 더 깊이 만나는 삶으로 이끌어 줄 것입니다.

14. 멈춘 게 아니라 달리는 중입니다

오직 내가 그리스도 예수께 잡힌 바 된
그것을 잡으려고 달려가노라
빌립보서 3:10-16

예수님은 사명을 위해
달려가셨습니다

계획을 세워 열심히 살다 보면 많은 열매를 맺을 수 있습니다. 그러나 바쁘게 산다고 분주해서는 안 됩니다. 바쁘더라도 효율적으로 사는 것이 중요합니다. 어떻게 하루하루를 효율적으로 살 수 있을까요? 그런 삶의 모습의 본이 되는 분이 예수님이십니다. 예수님의 일정은 누구보다 꽉 차 있었지만 예수님에게서는 분주함이 느껴지지 않습니다. 예수님은 서두르지 않으셨습니다. 그런데

도 예수님은 많은 일을 이루셨습니다. 돌아가실 때 십자가 위에서 하셨던 위대한 말씀은 "다 이루었다"입니다. 바울은 누구보다 열심히, 바쁘게 사명을 위해 달려가신 예수님의 모습을 닮고 싶었습니다.

"내가 달려갈 길과 주 예수께 받은 사명 곧 하나님의 은혜의 복음을 증언하는 일을 마치려 함에는 나의 생명조차 조금도 귀한 것으로 여기지 아니하노라"(행 20:24).

사명을 발견하고 그 사명을 마치기 위해서는 자신의 생명을 조금도 귀히 여기지 않겠다는 것이 바울의 인생 목표입니다. 예수님처럼 말입니다. 그렇다면 바울의 소원은 이루어졌을까요? 그는 디모데후서에서 이렇게 고백합니다.

"나는 선한 싸움을 싸우고 나의 달려갈 길을 마치고 믿음을 지켰으니"(딤후 4:7).

바울은 사도행전에서 마치고 싶었던 그 사명을 디모데후서에서 마쳤습니다. 예수님이 십자가 위에서 "다 마쳤다"(It is finished, NIV)라고 하셨던 것처럼 바울도 "내가 마쳤다"(I have finished, NIV)라고 한 것입니다.

우리는 바울처럼 주님이 부르시는 그날에 "다 이루었습니다"라고 말할 수 있도록 열심히 살고 있습니까? 하나님이 내게 누리라고 주신 사명이 아니라 마치라고 주신 사명을 차근차근 감당하다가 주님 오시는 그날 "내가 다 마쳤습니다"라고 고백할 수 있다면 얼마나 복된 인생일까요. 이 세상에서 가장 행복한 사람은 사명을 마치고 죽는 사람입니다.

내가
달려가노라

그렇다면 사명은 언제 완수될까요? 사명은 자신의 생명까지 드려야 온전히 완수됩니다. 바울의 삶의 궤적을 보면 그는 돌에 맞고, 물에 빠지고, 곤장을 맞아도 사명을 포기하지 않았습니다. 사명은 내 일을 다 한 다음에 하는 것이 아니고 바로 여기에서 생명과 바꿀 정도로 치열하게 이루어 가는 것입니다.

바울은 예수님처럼 살다가 예수님처럼 죽고, 예수님이 권능으로 부활하신 것처럼 사명을 다 마치고 영생을 누리기를 원했습니다.

"그의 죽으심을 본받아 어떻게 해서든지 죽은 자 가운데서 부활에 이르려 하노니"(빌 3:10-11).

예수님처럼 살고, 죽고, 부활하는 것이 바울의 삶의 목표였습니다. 대충 살아서는 사명을 감당할 수 없습니다. 부활의 영광을 보려면 예수님처럼 열정적인 삶을 살아 내야 하며 십자가에 달리신 예수님처럼 죽을 때 죽어야 합니다. 그래서 바울은 "부르심의 그 때까지 나는 달려간다"고 말합니다.

"내가 이미 얻었다 함도 아니요 온전히 이루었다 함도 아니라 오 직 내가 그리스도 예수께 잡힌 바 된 그것을 잡으려고 달려가노 라 … 푯대를 향하여 그리스도 예수 안에서 하나님이 위에서 부 르신 부름의 상을 위하여 달려가노라"(빌 3:12, 14).

신앙은 달려가는 것입니다. 걸어가거나 쉬었다 가는 것이 아닙 니다. 바울은 달려간다는 표현을 두 번이나 강조했습니다. 그런데 감옥 안에서 매어 있는 바울이 어떻게 달릴 수 있습니까?

바울이 달려간다고 표현한 것은 감옥 안에서 하나님이 달리고 계신다는 것을 뜻합니다. 하나님이 일하고 계신다는 것입니다. 하 나님이 달리시니 나도 달린다는 것입니다. 그래서 바울은 감옥 안에서 지나온 삶을 추억하고 회고록을 쓰며 시간을 보낸 것이 아니라 감옥 안에서도 사명을 멈추지 않고 있는 것입니다. 바울 은 이렇게 말합니다.

"형제들아 내가 당한 일이 도리어 복음 전파에 진전이 된 줄을 너 희가 알기를 원하노라 이러므로 나의 매임이 그리스도 안에서 모든 시위대 안과 그 밖의 모든 사람에게 나타났으니"(빌 1:12-13).

바울은 감옥 안에서도 시위대 안에 있는 사람과 기타 모든 사 람에게까지 복음이 전해졌다고 말합니다. 감옥에서도, 감옥 같은 환경에서도 사명을 감당할 수 있습니다. 주의 일은 멈추지 않고 감옥 안에서도 달려갑니다.

예수님은 지역을 두루 다니시며 병든 자를 고치시고 천국 복음을 전하셨습니다. 그리고 십자가 위에서도 강도에게 복음을 전하셨습니다. 십자가 위에서도 복음 사역을 멈추시지 않은 것입니다. 두 손과 두 발이 자유로울 땐 자유로운 방식으로 일하셨고, 두 손이 묶였을 땐 묶인 방법으로 일하셨습니다. 바울은 주가 일하시니 나도 일한다고 했습니다. 바울은 자기의 삶의 원칙을 이렇게 말합니다.

"오직 지혜 있는 자같이 하여 세월을 아끼라 때가 악하니라"(엡 5:15-16).

영어 성경에는 '세월을 아끼라'를 '모든 기회를 최대한 활용하라'(making the most of every opportunity, NIV)라고 표현합니다. 감옥 안에 들어왔어도 그 기회를 활용해 복음을 전하라는 것입니다.

마크 부캐넌의 저서 《영혼의 사계절》(두란노, 2012)은 "우리 영혼에는 봄, 여름, 가을, 겨울이 다 필요하다. 열매를 맺으려면 반드시 모든 계절을 거쳐야 한다"고 말합니다. 겨울에는 겨울에만 할 수 있는 일을 하고, 여름에는 여름에만 할 수 있는 일을 하라는 것입니다. 그런데 어떤 사람들은 인생의 겨울을 만나면 여름이 오면 좋겠다며 여름만 그리워하다가 겨울을 허비하고, 여름이 되면 가을을 그리워하며 아무것도 하지 않는 사람이 있습니다.

바울은 힘든 겨울이 찾아왔을 때, 그 기간을 최선을 다해 활용하라고 합니다. 감옥 안에서만 할 수 있는 달리기를 하라고 합니다.

주님이 일하시니
나도 일합니다

요즘 한국교회가 감옥 안에 들어와 있다는 느낌이 듭니다. 코로나19로 인해 교회에서 예배를 드리고 싶어도 드리지 못하고, 집에서 온라인 예배를 드리는 전례 없던 일이 일어나고 있습니다. 전 세계적으로 일어나고 있는 상황으로 인해 교회가 묶여 있는 것 같습니다. 그러나 기억해야 할 것은 우리가 묶여 있다고 해서 하나님도 묶여 계신 것이 아니라는 것입니다. 감옥처럼 묶여 있는 상황에서 하나님은 어느 때보다도 열심히 일하신다는 것을 기억해야 합니다. 시편 기자는 이렇게 노래합니다.

"하나님은 우리의 피난처시요 힘이시니 환난 중에 만날 큰 도움이시라 그러므로 땅이 변하든지 산이 흔들려 바다 가운데에 빠지든지 바닷물이 솟아나고 뛰놀든지 그것이 넘침으로 산이 흔들릴지라도 우리는 두려워하지 아니하리로다"(시 46:1-3).

산이 흔들리는 것처럼 온 세상이 불안에 떨고 있는 지금, 하나님께서 이 세상에 "너희는 가만히 있어 내가 하나님 됨을 알지어다 내가 뭇 나라 중에서 높임을 받으리라 내가 세계 중에서 높임을 받으리라"(시 46:10)라고 말씀하시는 것 같습니다. 하나님의 손길이 요즘만큼 잘 보일 때가 어디 있습니까? 하나님은 우리를 정금같이 연단하고 계시고 예배를 새롭게 하고 계십니다. 그냥 교회에 와서 드릴 수 있다고 생각했던 예배가 하나님의 은혜였다는 것을 알게 하시는 것입니다.

하나님은 우리의 가정도 바꾸고 계십니다. 어느 때보다도 가정 예배가 잘 이루어지고 있기 때문입니다. 직장, 가정, 교회의 이중성을 깨고 하나 되게 만들고 계십니다. 뿐만 아닙니다. 교회의 사역자들도 새로워지고 있습니다. 텅 빈 예배당에서 사역자들은 설교를 들어주었던 성도들의 귀한 마음을 기억하며 간절히 기도하다 보니 기도가 깊어지고 있습니다. 성도들을 위해 기도하며 성경을 더 보게 되면서 영적으로 깊어지고 목회적 본질을 기억하게 되었습니다. 하나님은 이렇게 목회자들을 새롭게 변화시키고 계십니다. 예배당과 성도의 중요성을 한국교회에 다시 깨우치고 계십니다.

'내가 이 땅 가운데, 교회들 가운데 무너진 재단을 수축하겠다. 산이 흔들리고 바다가 요란하게 출렁거려도 너희는 가만히 있어라' 하시며 하나님은 모든 것을 새롭게 하시고, 다시 한국교회에 기회를 주셨습니다.

하나님은 코로나19로 인해 단 한 번도 일을 멈추신 적이 없습니다. 지금도 달리십니다. 바울도 감옥 안에서 달렸습니다. 우리도 멈추어 있지 말아야 합니다. 몸은 멈추어 있더라도 사명은 멈추어서는 안 됩니다. 삶의 현장에서 기도를 더 하고 있다면, 그 기도가 일하고 있는 것입니다.

코로나19로 인해 많은 사람들이 가족과 지내는 시간이 많아졌습니다. 이때 전도하고 싶었던 가족들에게 복음을 전해 보십시오. 설교 방송을 틀어 놓아서 들을 수 있도록 하십시오. 생각나는 친척이나 사랑하는 친구에게 손 편지를 써 보십시오. 사랑을 담은 손 편지를 받은 사람은 코로나19보다 더 무서운 영혼을 파멸시키는 전염병에 걸리지 않을 것입니다. 운전하면서 찬양하며 중보기도하고, 걸으면서도 기도하십시오.

세상이 멈추었다고 멈춘 것이 아니라 멈춘 중에도 하나님은 일하시고 계심을 기억하십시오. 어려운 상황에서도 하나님이 일하고 계십니다.

"만일 어떤 일에 너희가 달리 생각하면 하나님이 이것도 너희에게 나타내시리라"(빌 3:15).

현실을 다르게 생각하십시오. 모든 사람이 감옥을 감옥이라고 이야기할 때, 바울은 감옥을 운동장이라고 다르게 생각했습니다. 남들에게는 자유가 없는 감옥이었지만, 감옥을 다르게 생각했기

에 바울은 그 감옥 안에서도 달려갈 수 있었습니다. 어떤 상황에
서도 하나님의 관점에서 다르게 생각하는 그리스도인이 되기 바
랍니다.

15. 세상 등지고 십자가 보네

우리의 시민권은 하늘에 있는지라
거기로부터 구원하는 자
곧 주 예수 그리스도를 기다리노니

빌립보서 3:17-21

오직 예수님을
따라가야 합니다

바울은 예수님이 달려가셨던 그 길을 달려갔습니다. 그렇게 예수님만 보고 가던 바울이 뒤를 돌아보면서 우리를 향해 '내가 예수님을 따라가듯이 너희도 나를 본받아 따라오라'고 말합니다. 맨 앞에서 예수님이 걷고 계시고 그 뒤를 따라 바울이 걸었고 그다음에는 우리가 걷고 있는 것입니다. 예수님과 바울이 걸어간 길만 오롯이 따라가면 길을 잃어버리지 않을 것입니다.

누구를 따라가느냐에 따라 그 길이 천국 길이 될 수도 있고 사망과 멸망의 길이 될 수도 있습니다. 그래서 잘 따라가야 합니다. 우리는 길이요 진리이신 예수님만 보고 걸어야 합니다. 오늘 걷고 있는 내 길은 내일 걷게 될 누군가의 이정표가 될 수 있기 때문에 우리는 신앙의 긴장감을 늦춰서는 안 됩니다. 단지 나의 신앙생활로 끝나는 것이 아닙니다. 내 뒤에 따라올 누군가를 위해 잘 걸어가야 합니다.

우리가 따라가야 할 분들은 명확해졌습니다. 앞장서서 걷고 계신 분은 예수님입니다. 그 뒤에는 예수님을 열심히 따라간 열두 사도가 있을 것입니다. 열두 사도 맨 뒤에는 사도 바울이 바짝 쫓아가고 있을 것입니다. 바울 뒤에는 허다한 증인들(히 12:1)과 그 발자취를 따라 믿음의 선배들이 걷고 있을 것입니다. 그리고 마지막으로 우리가 그 믿음의 길을 따라 걸어가는 천국 순례의 길에 들어선 것입니다.

군대에서 훈련하는 천리행군은 한 달 동안 산에 가서 매일 밤 8시간씩 30km를 걷는 훈련입니다. 하루도 쉬지 않는 훈련은 고난의 행군입니다. 어디로 어떻게 가는지 알 방도도 없습니다. 밤 행군 시 수칙은 앞사람과 거리를 띄우지 않는 것과 앞사람만 보는 것입니다. 한눈팔면 산속에서 길을 잃어버리기 때문입니다. 더 큰 문제는 한 사람이 길을 잃으면 뒷사람들이 함께 길을 잃어버린다는 것입니다. 신앙생활도 이와 같습니다. 우리는 믿음의 허다한 증인들이 걸어간 그 길을 걸어가고 있습니다. 그리고 우리의 뒷모습을 보고 따라올 사람들도 많습니다. 예수님만 보며 걸어갈 때, 다음세대들은 우리가 걸어간 길을 따라올 것입니다.

행군에서 중요한 또 한 가지는 천병입니다. 천병은 행군의 가장 앞자리에 있는 사람보다 수 km를 앞서가는 사람입니다. 천병은 본 대가 출발하기 전 무전기로 연락해서 장애물이 있으니 우회하라거나, 지뢰를 제거해야 한다는 등의 정보를 전달합니다. 가야 할 길을 먼저 가서 그 길을 평탄케 해 주기 때문에 천병의 역할은 매우 중요합니다.

성경에 나오는 천병은 예수님이 오시기 전 시대에 살았던 아브라함부터 세례 요한에 이르기까지 주의 오실 길을 평탄케 하며 준비했던 사람들입니다. 역사의 중앙 대열에 예수님이 서 계시고 예수님이 오실 길을 구약의 많은 증인이 먼저 걸어갔습니다. 예수님 뒤로 열두 사도와 바울, 그리고 수많은 믿음의 사람이 걸어간 영광스러운 대열에 우리가 서 있습니다. 우리는 신앙생활을 시작한 그날부터 천국을 향해 걷고 있는 순례자들입니다.

존 번연의《천로역정》은 천국을 향해 걸어가는 순례자의 길을 드라마틱하게 표현한 책입니다.《천로역정》의 주인공 크리스천은 깊은 강에 빠져 허우적거리기도 하고, 사자의 으르렁거림에 공포에 빠지기도 하며, 미혹의 늪에 빠져 정신을 놓기도 합니다. 그러나 마침내 크리스천은 멸망의 도시를 떠나 기쁨의 언덕을 지나서 천국까지 입성하게 됩니다. 확실한 것은 순례의 길이 아무리 힘들어도 결국에는 천국에 이르게 된다는 것입니다.

그 길은 결코 외로운 길이 아니라는 것을 우리는 기억해야 합니다. 예수님이 지금도 걸어가고 계시고 허다한 사람들이 걸어가고 있습니다. 그 길에 들어섰다가 끝까지 완주한 사람이 한 명도 없다면 불안하겠지만, 우리가 생각하는 것보다 훨씬 많은 사람이 그 길을 완주했습니다. 주님만 바라보며 끝까지 견디면 우리도 천국까지 완주할 것입니다.

걸어가다가 예수님이 안 보일 때도 있습니다. 그럴 때 까치발을 들어 보면 저 멀리 예수님의 십자가가 보일 것입니다. 십자가가 보이면 안전합니다. 길을 잃어버린 것이 아닙니다. 그러나 아무리 둘러보아도 십자가가 보이지 않으면 예수님에게서 너무 멀리 떨어진 것입니다. 그때는 신앙의 허리띠를 동여매고 예수님을 뒤쫓아야 합니다.

십자가의 길을
흉내 내는 사람들이 있습니다

그런데 십자가를 지고 주님을 따라가는 길을 완주하지 못하도록 우리의 마음을 흔들어 놓는 사람들이 있습니다. 그들은 십자가를 지는 듯 하나 흉내만 내는 사람들입니다. 우리는 그들을 조심해야 합니다. 예수님을 바라보며 진정성 있게 십자가를 지고 가는 줄 알았는데, 눈여겨보니 그 십자가는 텅 비었습니다. 힘든 척 연기하며 십자가를 지고 가는 사람들, 십자가를 진 것처럼 흉내 내는 사람들을 보고 부러워해서는 안 됩니다. 바울은 그들에 대해 이렇게 말합니다.

"형제들아 너희는 함께 나를 본받으라 그리고 너희가 우리를 본받은 것처럼 그와 같이 행하는 자들을 눈여겨보라"(빌 3:17).

'그와 같이 행하는 자들'은 누구입니까? 바울이 설명합니다.

"내가 여러 번 너희에게 말하였거니와 이제도 눈물을 흘리며 말하노니 여러 사람들이 그리스도의 십자가의 원수로 행하느니라"(빌 3:18).

'그와 같이 행하는 자들'은 십자가를 지고 가는 듯 보이지만 자세히 보면 예수님과 반대 방향으로 걷고 있는 사람들입니다. 바울은 이들을 '십자가를 지고 예수님과 반대 방향으로 걷는 자'라고 하지 않고 '십자가의 원수들'이라고 말합니다. 이들은 십자가를 지고 예수님을 따라가는 척하지만 예수님을 따르고 싶은 마음도, 십자가만 바라보며 세상 등지고 싶은 마음도 없는 사람들입니다. 그래서 이들은 겉으로는 십자가를 지고 가는 것처럼 보이게 하고 표 나지 않게 조금씩 십자가에서 벗어나 결국에는 십자가와 반대 방향으로 걷습니다.

그런데 문제는 십자가를 등지고 세상길로 가는 그 한 사람 때문에 십자가를 잘 지고 가는 사람들이 힘들어진다는 것입니다. 예수님을 믿으면 예수님처럼 사는 줄 알았는데 세상을 향해 가는 사람들을 보니 마음이 흔들리게 됩니다. 그래서 바울은 십자가를 등지고 세상을 향해 가는 그들의 행동을 십자가를 지고 예수님 좇는 사람들의 원수 역할을 한다고 말한 것입니다.

우리는 예수님을 안 믿는 사람 때문에 시험당하지 않습니다. 그들은 우리를 핍박할지언정 방해하지는 못합니다. 우리는 예수님을 안 믿는 사람들을 향해 분노하지 않습니다. 그들을 긍휼히 생각하고 마음속에 품을 뿐 원수로 여기지 않습니다. 예수님 잘 믿는 사람을 힘들게 하는 것은 예수님을 안 믿는 사람이 아니라 대충 믿는 사람들입니다. 대충 믿는 사람이 인정받고, 십자가를 지는 척 흉내 내는 사람이 좋은 자리에 설 때 십자가만 보고 걷는 사람들의 마음이 힘들어집니다. 대충 믿는 사람들이 얼마나 큰 죄를 짓고 있는지 알아야 하는 이유입니다. 바울은 그들의 종착역에 대해 이렇게 말합니다.

"그들의 마침은 멸망이요"(빌 3:19).

대충 가는 그 길이 넓은 길이라고 좋아하지 마십시오. 그 길에 들어서는 순간 종착역은 멸망입니다. 십자가의 원수가 교회 밖에 있는 것이 아니라 교회 안에 들어와 있습니다. 함께 걷고 있는 사람 중에 있습니다. 신실한 성도들의 적은 대충 믿는 성도입니다. 오늘 대충 믿는 내 모습이 다른 사람들의 신앙을 발목 잡는 십자가의 원수가 된다는 사실을 기억해야 합니다.

십자가 지는 흉내를 내면서 넓은 길을 가는 사람들의 특징이 있습니다. 바울은 이들의 특징을 이렇게 말합니다.

"그들의 신은 배요 그 영광은 그들의 부끄러움에 있고 땅의 일을 생각하는 자라"(빌 3:19).

먼저 그들은 배를 불립니다. '어떻게 하면 배를 불릴까? 어떻게 하면 세상의 만족을 취할까?'를 생각합니다. 그들의 신은 하나님이 아닌 그들의 배입니다. 그리고 그들이 가치를 두고 영광스럽게 여기는 모든 것들은 천국에서 부끄러운 것들입니다.

마지막으로 그들은 시종일관 땅의 일만 생각하며 추구하는 사람입니다. 십자가의 길은 그런 것에 우리의 눈을 고정하지 않습니다. 세상의 헛된 것을 얻기 위해 예수님 십자가를 포기하지 말아야 합니다.

믿음의 확실함은
금보다 귀합니다

그런데 예수님의 십자가가 나중에 맞바꾸어진다는 사실을 아십니까? 십자가는 천국에서 하나님의 상급과 바꾸는 것이기 때문에 절대 포기하지 말아야 합니다. 이것을 알았던 사람이 모세입니다. 모세는 왕궁의 왕복까지도 수치스러운 십자가와 바꾸었습니다. 성경은 이렇게 기록합니다.

"믿음으로 모세는 장성하여 바로의 공주의 아들이라 칭함받기를 거절하고 도리어 하나님의 백성과 함께 고난받기를 잠시 죄악의 낙을 누리는 것보다 더 좋아하고 그리스도를 위하여 받는 수모를 애굽의 모든 보화보다 더 큰 재물로 여겼으니 이는 상 주심을 바라봄이라"(히 11:24-26).

세상은 우리의 종착역이 아닙니다. 세상은 정거장일 뿐이고 우리의 종착역은 천국입니다.

"그는 만물을 자기에게 복종하게 하실 수 있는 자의 역사로 우리의 낮은 몸을 자기 영광의 몸의 형체와 같이 변하게 하시리라"(빌 3:21).

땅의 일을 생각하느라 종착역을 잊지 말아야 합니다. 《천로역정》에서는 우리가 발 딛고 있는 이 땅을 '멸망의 도시'라고 말합니다. 그런데 《천로역정》이 처음 번역되었을 때는 이 땅을 '장망성'이라고 했습니다. '장차 망할 성'이라고 해서 '장망성'입니다.

우리가 지금 땅의 일을 생각할 필요가 없는 것은 이 땅은 장망성이기 때문입니다. 우리가 가지고 있는 모든 것은 요단강을 건너갈 때 다 내려놓아야 합니다. 우리는 주님 앞에 설 때 단 한 가지만 드려야 합니다. 우리의 십자가입니다. 십자가를 끝까지 지고 가서 주님 앞에 드릴 때 주님은 우리가 지고 간 십자가를 면류관으로 바꾸어 주실 것입니다. 성경은 믿음의 확실함이 금보다 귀하다고 말합니다.

> "너희 믿음의 확실함은 불로 연단하여도 없어질 금보다 더 귀하여 예수 그리스도께서 나타나실 때에 칭찬과 영광과 존귀를 얻게 할 것이니라"(벧전 1:7).

십자가를 지고 믿음의 선진들이 달려갔던 그 길을 걸어서 천국까지 입성할 수 있도록 포기하지 말고 완주합시다.

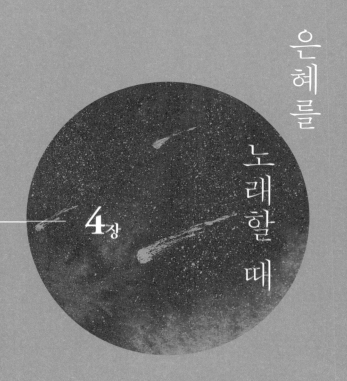

은혜를

노래할 때

4장

16. 다 같이 서야 합니다

내가 유오디아를 권하고 순두게를 권하노니
주 안에서 같은 마음을 품으라
빌립보서 4:1-3

주 안에서
든든히 서야 합니다

빌립보서에는 빌립보교회 성도들을 향한 바울의 마음이 담겨 있습니다. 그 마음은 마치 "나는 잘 있다. 너만 잘 있으면 괜찮다"라고 말하는 자식을 향한 부모의 마음과 같습니다. 바울은 이렇게 전합니다.

"그러므로 나의 사랑하고 사모하는 형제들, 나의 기쁨이요 면류
관인 사랑하는 자들아 이와 같이 주 안에 서라"(빌 4:1).

바울은 나의 면류관이라고 표현할 만큼 너무도 사랑하는 빌립보교회 성도들에게 주님 안에서 흔들리지 말고 서 있으라고 말합니다. 어떤 일이 와도 넘어지지 않도록 십자가를 단단히 붙잡고 서 있으라고 전합니다.

제가 아는 어느 선교사님은 아이 이름을 '선교'라고 지을 만큼 예수 십자가만 자랑하며 선교에 힘쓰고 있습니다. 그분의 아들도 선교사가 되어 선교지로 파송되었습니다. 그분은 열악한 땅끝 선교지에서 복음을 전하는 아들의 모습이 참 자랑스러웠지만 한편으로는 도와주지 못하는 부모의 마음 때문에 안타까웠습니다. 그분은 그 마음을 이렇게 전했습니다. "아들아, 우리 땅끝에서 죽어 하늘 복판에서 만나자." 우리 서로 있는 곳에서 십자가를 잘 전하며 살다가 하늘에서 만나자는 것입니다. 바울도 이런 심정으로 이야기하고 있습니다. "나는 감옥에 있지만 주 안에서 잘 지내고 있으니 여러분도 내 걱정하지 말고 십자가만 자랑하며 살다가 주 안에서 다시 만납시다."

그런데 바울에게 한 소식이 들려왔습니다. 유오디아와 순두게라는 두 여인이 의견이 맞지 않아 다투고 있다는 것이었습니다. 유오디아와 순두게는 교회를 위해 열심히 일하고 있었지만 두 사람의 다툼 때문에 교회가 힘들어졌습니다.

1절에서 바울이 빌립보교회 성도들에게 '주 안에 서라'고 한 이유를 생각해 보면, 빌립보교회가 흔들리고 있었기 때문일 것입니다. 그렇지 않으면 주 안에 단단히 서라고 말할 필요가 없었겠지요. 잘 서 있던 빌립보교회가 흔들릴 조짐이 보이니 흔들리지 말고 잘 서야 한다고 강조한 것입니다.

그렇다면 빌립보교회는 왜 흔들렸을까요? 빌립보교회가 좋은 교회이기 때문입니다. 빌립보교회는 주님의 기쁨이 되고, 기쁨이 넘치는 교회였습니다. 빌립보교회는 재정적으로 어려웠지만 힘을 다해 선교하고 주의 일을 위해 최선을 다하는 모범적인 교회였습니다. 모범적인 교회, 건강한 교회, 든든한 교회가 경계해야 할 한 가지가 있습니다. 사탄은 이런 교회들을 가만두지 않는다는 것입니다. 교회를 흔들어 놓기 위해 지속적으로 공격을 가합니다. 건강한 교회는 성장할수록 하나님의 나라가 확장되고 사탄의 권세가 멸하기 때문에, 건강한 교회를 분열시키고자 사탄은 온갖 노력을 다합니다.

사탄이 견고한 빌립보교회를 흔든 첫 번째 방법은 바울을 감옥에 넣어 버린 것입니다. 그런데 빌립보교회는 바울을 돕기 위해 에바브로디도를 선교사로 파송하기까지 합니다. 목자를 치면 양들이 흩어지는 것이 일반적인데 흩어지기는커녕 선교사를 보내는 기회로 삼았으니 사탄은 당황했을 것입니다.

두 번째 공격은 바울을 도와 사역을 감당하던 에바브로디도를 중병에 걸리게 한 것입니다. 그런데 에바브로디도는 죽기에 이르러도 자기 목숨을 돌보지 않으며 사역을 감당했습니다. 그 모습을 보신 하나님이 그를 살려 주셨습니다. 사탄은 이번에도 당황했을 것입니다.

그러자 사탄이 교회 안을 공격하기 시작합니다. 교회 안에 있던 율법주의자들이 성도들에게 신앙의 가책을 갖게 하려고 했습니다. 그다음에는 자유주의자와 영지주의자들이 교회에 들어와 성도들에게 영적인 생활만 잘하면 된다며 방탕과 쾌락으로 유혹하려 했습니다. 하지만 빌립보교회는 오직 예수 그리스도의 복음 위에 단단히 서 있으며 어떤 공격에도 흔들리지 않았습니다.

공격들이 통하지 않자 사탄은 빌립보교회에서 가장 충성스럽게 섬기는 두 명의 성도인 유오디아와 순두게를 서로 싸우게 했습니다. 싸우게 만드는 것은 사탄이 너무도 손쉽게 사용하는 방법입니다. 이 문제가 발생한 교회는 십중팔구 분열됩니다.

오직 그리스도 예수의
마음을 품어야 합니다

빌립보교회는 마게도냐 지역에 세워진 교회입니다. 당시 로마제국은 마게도냐 지역을 제2의 로마처럼 자유무역을 할 수 있도록 성장시킨 도시였습니다. 빌립보를 포함한 마게도냐 지역의 특징은 여성들의 권위가 보장되었다는 것입니다. 빌립보교회의 루디아도 자색 옷감 장사를 하는 여성 사업가였습니다. 당시 여성이 사업을 한다는 것은 다른 지역에서는 불가능한 일이었습니다. 그러나 마게도냐 지역에서는 여성 사업가들의 활동을 법적으로 보호해 주었기 때문에 남성보다 여성 사업가들이 훨씬 더 많았습니다.

마게도냐 지역의 또 다른 특징은 어머니의 재산을 자녀에게 상속하는 모계 상속법이었습니다. 여성들이 경제권과 상속권을 가졌기 때문에 여성 사업가들의 길드(동업자 조합)의 힘은 대단했습니다. 학자들의 주장에 따르면 유오디아와 순두게는 여성 사업가로서 길드를 조직할 정도의 막강한 힘이 있었을 것이라고 합니다. 이들이 예수님을 믿게 되어 교회에 들어왔고, 그들의 길드에 있었던 사람들도 교회에 들어와서 세력을 형성했을 것입니다. 그래서 교회 안에 유오디아를 대표로 따르는 사람들과 순두게를 대표로 따르는 사람들이 있었을 것입니다. 교회 안에도 세상의 길드처럼 유오디아파, 순두게파가 있게 된 것입니다.

이런 상황에서 빌립보교회는 안건에 따라 의견을 다르게 할 수 없었습니다. 유오디아의 말이 맞는 것 같아도 순두게파에 속한 사람은 유오디아의 의견에 동의하기가 어려웠습니다. 생계가 걸린 문제였기 때문입니다. 성도들에게는 의견 갈아타기도 불가능했을 정도로 선택권이 없었습니다. 빌립보교회에서 하는 일마다 유오디아와 순두게의 의견이 대립했습니다. 유오디아와 순두게의 이러한 팽팽한 긴장감을 누구보다도 바울이 잘 알고 있었습니다. 그래서 바울은 빌립보교회가 분열의 조짐이 보인다는 소식이 들려왔을 때에 찢어지는 마음으로 간곡하게 권한 것입니다.

"내가 유오디아를 권하고 순두게를 권하노니 주 안에서 같은 마음을 품으라"(빌 4:2).

한마음을 품어도 사탄의 궤계를 이길까 말까인데, 분열된 마음으로 어떻게 하나님이 기뻐하시는 교회로 설 수 있겠습니까. 그래서 바울은 싸우지 말고 한마음이 되어 교회를 지켜 내라고 간절한 마음으로 편지를 쓴 것입니다. "주 안에 서라"(빌 4:1)는 말은 바울의 심장으로 말한 것이었습니다.

사탄은 모든 교회를 흔듭니다. 안 흔들리는 교회는 없을 것입니다. 그러나 약간 흔들었는데 바로 쓰러지는 교회가 있는가 하면, 흔들면 흔들수록 뿌리가 깊어져서 견고해지는 교회가 있습니다. 사탄이 흔들어도 더욱 견고해지는 교회가 되려면 무엇이 필요할까요? 흔들리지 않는 성도가 있어야 흔들리지 않는 교회가 될 수 있습니다.

2008년 CNN에서 한 장의 사진을 공개했습니다. 어마어마한

허리케인으로 인해 주변의 모든 집과 시설이 초토화됐는데, 한 집만 쓰러지지 않고 서 있는 모습이 담긴 사진이었습니다. 저는 그 사진을 보며 한국교회와 전 세계 교회에 대해 생각해 보았습니다. 세상의 많은 교회와 성도가 흔들려 쓰러질지라도 도도하게 서 있는 교회와 성도가 있다는 것입니다. 세상이 명예와 욕심의 모래 위에 집을 지을 때 우리는 예수 그리스도의 반석 위에 지어 흔들리지 않는 교회가 되어야 합니다.

교회 안에는 유오디아를 따르는 유오디아파도, 순두게를 따르는 순두게파도 없어야 합니다. 오직 그리스도를 따르는 '그리스도파'만 있어야 합니다. "너희 안에 이 마음을 품으라 곧 그리스도 예수의 마음이니"(빌 2:5). 우리 안에 품어야 할 마음은 오직 그리스도 예수의 마음입니다.

모든 사람이
함께 서야 합니다

이처럼 빌립보교회가 유오디아파와 순두게파로 나뉘자 새로운 파가 등장합니다. 성장하고 있는 교회에서는 유오디아나 순두게를 모르는 사람이 많았을 것입니다. 유오디아파에도 순두게파에도 속하기 싫으니 나는 나대로 열심히 할 것이라는 자들이 나타난 것입니다. 이들은 유오디아와 순두게를 따르는 사람들은 신앙생활을 잘못하고 있다고 판단하며 자기들처럼 순수하게 신앙생활을 해야 한다고 생각했습니다. 그런 그들에게 바울은 이렇게 권면했습니다.

"또 참으로 나와 멍에를 같이한 네게 구하노니 복음에 나와 함께 힘쓰던 저 여인들을 돕고 또한 글레멘드와 그 외에 나의 동역자들을 도우라"(빌 4:3).

바울은 이렇게 말한 것입니다. "나와 마음을 같이해서 최선을 다해 섬기는 새 일꾼들은 잘 들으십시오. 내가 특별히 부탁하니 유오디아와 순두게의 지난 수고를 알아주시고 그 여인들을 귀하게 여겨 주십시오. 그들은 내가 처음 빌립보에서 루디아와 함께 교회를 개척할 때 최선을 다해 섬긴 일꾼들입니다. 여러분은 그분들의 지난 수고를 모르지만 나는 처음부터 다 알고 있습니다. 그들의 눈물겨운 섬김과 지난날의 수고를 하나님이 기억하셨습니다. 그러니 누구든지 지금의 모습을 보고 그들의 과거까지 무시하지 마시기 바랍니다."

교회 사역은 한 사람이 운동장 한 바퀴를 도는 것처럼 혼자서 하는 것이 아닙니다. 사역은 마치 400m 계주와 같습니다. 1번 주자가 바통을 들고 뛰다가 2번 주자에게 건네줍니다. 2번 주자도 열심히 뛰다가 3번 주자에게 바통을 넘깁니다. 그리고 3번 주자에게 바통을 넘겨받아 열심히 뛴 마지막 4번 주자가 1등으로 결승선을 통과합니다. 이런 경우 어느 누가 마지막 주자에게만 트로피를 주며 칭찬하겠습니까? 마지막으로 들어온 사람이 4번이기 때문에 혼자 1등을 한 것 같지만 거기에는 1, 2, 3번 주자들의 땀과 수고가 배어 있습니다. 우승 트로피는 모두의 것이 되는 것입니다. 모든 주자의 수고가 경기 안에 들어 있는 것처럼 빌립보교회는 유오디아와 순두게, 글레멘트, 그 외의 모든 성도들의 수고가 녹아 있었습니다. 그래서 바울은 우리 각자가 주 안에 서라고 하지 않습니다. 모든 사람이 주 안에 서라고 합니다.

"나의 사랑하고 사모하는 형제들, 사랑하는 자들아 이와 같이 주 안에 서라"(빌 4:1).

교회에 속한 모든 성도는 귀합니다. 저마다 흘린 땀이 있고 숨은 봉사가 있고 쏟은 눈물이 있습니다. 따라서 주님은 어느 한 사람이 아니라 모든 사람에게 면류관을 주십니다. 누구를 탓하지 말고, 내가 더 잘한다고도 생각하지 말고 모든 사람의 수고로 교회가 서 있다는 사실을 기억해야 합니다.

17. 염려를 치료해 드립니다

모든 지각에 뛰어난 하나님의 평강이
그리스도 예수 안에서
너희 마음과 생각을 지키시리라
빌립보서 4:4-7

염려하지 마십시오
주님이 함께하십니다

"아무것도 염려하지 말고 … 그리스도 예수 안에서 너희 마음과 생각을 지키시리라"(빌 4:6, 7)는 말씀은 우리에게 익숙합니다. 그런데 이 말씀은 4절부터 연결돼 있습니다. 성경책에는 4절 앞에 동그라미 표시가 되어 있는데, 이것은 한 단락의 시작을 알리는 표시로 볼 수 있습니다. 따라서 4-5절부터 함께 읽어야 6-7절의 의미도 생생히 살아납니다.

고래 등같이 큰 기와집을 버티는 대들보가 있듯이 4-7절 말씀을 꿰는 대들보 구절이 있습니다. 5절의 "주께서 가까우시니라"입니다. 4-7절을 이 구절과 함께 읽으면 "주 안에서 항상 기뻐하라, 주께서 가까우시니라", "너희 관용을 모든 사람에게 알게 하라, 주께서 가까우시니라", "아무것도 염려하지 말라, 주께서 가까우시니라"가 됩니다.

그러면 "주께서 가까우시니라"는 무엇을 말하는 것입니까? 예수님이 다시 오실 사건, 즉 재림을 말합니다. 재림을 거꾸로 하면 '임재'가 됩니다. 어느 날 예수님이 다시 오시는 것은 재림이지만, 재림이 우리 삶 속에서 일어나는 것은 임재입니다. 그래서 예수님의 재림은 역사의 종말에 한 번만 일어나는 것이 아니라 우리를 찾아오시는 주님의 임재 사건으로 매일매일 일어나고 있습니다.

"주께서 가까우시니라"는 NIV 성경에 "The Lord is near"라고 표현돼 있습니다. 이는 '주님이 가까이 오셨다'도 되지만 상태적으로는 '주님이 우리 곁에 계신다'도 됩니다. 새번역 성경은 "주님께서 가까이 오셨습니다"라고 표현합니다. 따라서 '주께서 가까우시니라'는 말씀에는 '주님이 다시 오실 것이고, 주님이 오늘 나와 함께 계시고, 주님은 이미 나와 함께 계셨고'의 의미가 내포되어 있습니다.

"주께서 가까우시니라"를 현재형으로 해석하여 함께 읽으면 더 은혜가 됩니다. "항상 기뻐하라, 주님이 너와 함께 계신다", "관용을 베풀어라, 주님이 너와 함께 계신다", "아무것도 염려하지 말라, 주님이 지금 너와 함께 계신다." 주님이 매일매일 우리의 삶에 임재하시며 우리와 함께 계신다는 사실을 믿어야 합니다.

주님이 함께하시면
기쁨과 관용이 생깁니다

주님이 함께 계신다는 믿음이 중요한 이유는 주님이 나와 함께하실 때 태도가 다음과 같이 달라지기 때문입니다.

첫 번째, 주님을 가까이하면 기쁨이 생깁니다.

"주 안에서 항상 기뻐하라 내가 다시 말하노니 기뻐하라"(빌 4:4).

말씀을 그냥 읽으면 명령형으로만 읽히지만, 대들보 구절인 5절을 붙이면 "주 안에서 항상 기뻐하라, 주님이 너와 함께 계신다. 주님이 너와 가까이 계신다"가 됩니다. 주님과 함께 가까이 걸어갈 때 우리에게 기쁨이 솟아날 수밖에 없는 이유가 있습니다. 예수님께 속한 품성이 내 안으로 흘러 들어오기 때문입니다. 예수님 안에 있는 품성은 성령의 9가지 열매인 사랑, 희락, 화평, 오래 참음, 자비, 양선, 충성, 온유, 절제 그리고 기쁨과 은혜입니다. 내가 누구와 함께 걷느냐에 따라 그 사람의 성품이 내게로 전달됩니다. 내가 나쁜 사람과 걸어가면 나쁜 사람을 부지불식중에 닮게 돼 있습니다. 다른 사람과 동행하지 않고 주님과 동행할 때 주님 안에 있는 성품들이 내 안으로 흘러 들어옵니다. 주님과 함께할 때 기쁨이 생기는 이유입니다.

여행은 어디로 가느냐보다 누구와 가느냐가 중요합니다. 좋은 곳을 가더라도 마음이 맞지 않는 사람과 가면 다녀와서 분노만 남고, 가까운 곳을 가서 국수 한 그릇을 먹더라도 마음이 맞는 사람과 함께하면 행복합니다. 대궐 같은 집에서 황금 카펫을 깔고 산다 해도 원수와 같이 살면 어떤 기쁨도 없습니다. 누구와 함께 하느냐가 이렇게 중요합니다. 주님이 나와 함께 계신다는 그 사실 하나만으로도 우리의 인생은 복된 인생입니다.

코로나19 때문에 앞으로 어떻게 사나, 걱정하는 분들이 많을 것입니다. 그러나 주님이 말씀하십니다. "기뻐하라, 내가 다시 말하노니 기뻐하라. 왜냐하면 주님이 함께 계신다." 주님이 우리와 함께 계시는데 주님이 그냥 걸으시겠습니까. 주님이 우리를 끌고 가실 것입니다. 그것도 안 되면 주님이 우리를 업고 가실 것입니다. 주님과 함께 걷는다는 것에는 이런 신비가 들어 있습니다.

그런데 동행은 사람끼리만 하는 것은 아닙니다. 사물이나 다른 존재와도 동행할 수 있습니다. 예를 들어 일주일 내내 스마트폰으로 뉴스만 본다고 생각해 보십시오. 뉴스와 일주일을 동행하면 남는 것은 한숨밖에 없습니다. 뉴스에는 좋은 소식보다 나쁜 소식이 많기 때문입니다. 그래서 기독교 철학자 레너드 스윗은 그리스도인들은 뉴스를 볼 때 세계를 위한 중보기도 시간을 가져야 한다고 말했습니다. 세상 돌아가는 것을 알아야 하기 때문에 뉴스는 봐야 하지만 그 시간조차도 기도하며 의미 있게 사용해야 합니다.

두 번째, 주님을 가까이하면 마음이 넓어집니다.

"너희 관용을 모든 사람에게 알게 하라 주께서 가까우시니라"(빌 4:5).

"주님이 가까우시니라"는 뜻은 재림의 주님이 가까이 오셨다는 뜻도 있고, 내 쪽에서 보면 하루하루 주님께 갈 날이 가까워지고 있다는 뜻으로도 볼 수 있습니다. 오늘이 마지막일지 내일이 마지막일지 모르는 주님의 날이 가까워지고 있습니다. 이것을 인식하고 산다면 우리가 인색해질 수 없습니다. 누군가와 원수 맺고 살 수 없습니다. 남에게 관용을 베풀며 살 수밖에 없습니다.

우리는 주님을 기다리는 종말 신앙을 가지고 살아야 합니다. 어떤 사람은 '2천 년 동안 예수님이 안 오셨는데 설마 내가 사는 100년 안에 오시겠나'라고 생각하지만, 주님이 안 오시면 내가 가게 됩니다. 나의 종말이 있고 역사의 종말이 있습니다. 우리는 누구도 예외 없이 종말을 맞이합니다. 그래서 미워하면서 살 시간이 없습니다.

언젠가 어떤 산악인의 인터뷰를 본 적이 있습니다. 정기적으로 히말라야 에베레스트에 오르는 분이었습니다. 인터뷰하는 사람이 그 위험한 곳에 목숨을 걸고 가는 이유를 이해하지 못하며 질문했습니다. 그런데 그 산악인이 이야기합니다. 생사를 넘나들며 산을 오르고 일상으로 돌아오면 내가 집착하는 모든 것이 사라진다는 것입니다. 산에서 죽을 뻔했다가 살아서 돌아와 보니 용서 못할 사람도 없고 아등바등 살 필요도 없어서 마음이 넓어지고, 세상을 다른 눈으로 보게 된다는 것이었습니다. 그래서 그는 미운 사람이 생기기 시작하면 '다시 산으로 가야겠다'고 생각한다 말했습니다.

예수님을 모르는 사람은 이런 방법이 필요할지도 모릅니다. 그러나 우리는 그리스도 안에서 매일 죽고, 매일 살아갈 수 있습니다. 우리에게 주어진 시간은 사랑만 하며 살아도 모자랍니다. 찬란하고 눈부신 하루를 원망하고 미워하며 살기에는 우리 인생이 너무 아깝습니다. 주님이 주신 아름다운 날들을 사랑하며 이해하고, 용서하고, 높여 주며 살아야 하는데, 서로를 미워하면서 살면 어떻게 주님 앞에서 열심히 살았다고 말할 수 있겠습니까.

바울은 원수가 많은 사람이었습니다. 그런데 고난을 준 한 명, 한 명을 기억해 원수 맺으며 살다가는 그들이 죽기 전에 바울 자신이 죽을 것 같았을 것입니다. 그래서 바울은 "나는 날마다 죽노라"(고전 15:31)라고 말했습니다. 나를 미워하고 불편해하는 사람을 끌어안고 날마다 죽고 난 뒤 다시 부활하는 것입니다. 어제의 나는 죽고 없으니 용서가 되고, 다시 힘이 생겨서 하루하루를 마지막 날처럼 살았기 때문에 바울에게 귀하지 않은 날이 없었던 것입니다.

주님이 우리와 함께 계시니 억울한 것도 신원해 주실 것입니다. 주님이 점점 우리 곁으로 오고 계시니 어쩌면 마지막일수도 있는 귀한 오늘, 모든 사람에게 관용을 베풀며 살아야 합니다.

염려와 근심이
사라집니다

세 번째, 주님을 가까이하면 염려와 근심이 없어집니다.

"아무것도 염려하지 말고 다만 모든 일에 기도와 간구로, 너희 구할 것을 감사함으로 하나님께 아뢰라 그리하면 모든 지각에 뛰어난 하나님의 평강이 그리스도 예수 안에서 너희 마음과 생각을 지키시리라"(빌 4:6-7).

6절을 읽기 전에 5절의 '주님이 너의 곁에 계시다'를 반드시 이해하고 읽어야 합니다. 그런 후 다시 해석하면 이렇습니다. "주님이 지금 너와 함께 가까이 계신다. 그러므로 염려하지 말라. 주님이 네 옆에 바짝 붙어 계신다. 옆에 계실 때 너의 필요를 아뢰라. 주님은 모든 지각에 뛰어나시다. 주님은 너의 모든 사정을 알고 계신다. 주님은 말한 것도 아시고 말하지 않은 것도 아신다. 그러므로 네 모든 것을 옆에 계신 주님께 아뢰라. 그리하면 우리 주님이 네가 아뢴 모든 것을 너에게 응답해 주실 것이고 마음과 생각도 지켜 주신다." 이처럼 6-7절이 '주님이 곁에 계시다'는 5절과 만나야 의미가 제대로 살아나고, 은혜가 되며 힘이 됩니다.

우리는 주님 곁에 아주 가까이 있어야 합니다. 사탄에게 틈을 주지 말아야 합니다. 예수님과 나 사이에 틈이 생기면 사탄이 염려와 근심을 가지고 틈으로 들어옵니다.

"하나님을 가까이하라 그리하면 너희를 가까이하시리라"(약 4:8).

우리가 주님과 동행하면 기쁨이 생기고, 마음이 넓어지고, 근심과 염려도 없어진다고 했습니다. 그런데 문제는 주님과 동행을 어떻게 하느냐입니다. 주님과 동행하기 위해 가장 필요한 한 것은 주님이 지금 나와 함께 계신다는 사실을 믿는 것입니다. 오랫동안 신앙생활을 하신 분들은 '주님이 함께하신다'는 개념이 관념처럼 구름 위에 떠 있습니다. 내 삶에 근심과 염려가 없어지고 정말로 기쁨이 오려면 관념적으로 믿어서는 안 됩니다. 지금 내 옆에 주님이 계신다는 사실을 정확하게 믿어야 합니다. 그것만큼 중요한 것이 없습니다. 예수님은 부활해서 승천하셨는데 예수님이 어떻게 내 옆에 계실 수 있습니까? 그렇게 생각하는 이들에게 예수님이 말씀하셨습니다.

"내가 세상 끝 날까지 너희와 항상 함께 있으리라"(마 28:20).

열두 제자에게 나타나셔서 예수님이 하신 약속의 말씀입니다. 예수님의 약속이므로 거짓말이 아닙니다. "항상 함께 있으리라"고 말씀하셨으니 주님이 지금 우리 곁에 계시는 것을 신뢰해야 합니다. 예수님의 말씀을 어린아이와 같이 순전하게 믿어야 합니다.

지금 주님이 나와 함께 계시다는 것을 믿는다면 더 이상 염려하지 말아야 합니다. 그러면 내 안에 기쁨이 회복되고 마음은 한없이 넓어질 것입니다. 주님을 관념적으로 이해하지 말고 지금 실제로 내 곁에 계심을 믿고, 어디에 있든지 주님과 동행하며 살아갑시다.

18. 손발에 새긴 믿음

너희는 내게 배우고 받고 듣고 본 바를 행하라
그리하면 평강의 하나님이
너희와 함께 계시리라
빌립보서 4:8-9

신앙과 삶의
워라밸이 필요합니다

최근 한국 사람들이 자주 사용하는 말 중에 '워라밸'이라는 말이 있습니다. 'Work-Life Balance'라는 말의 줄임말로, '일과 삶이 균형 잡힌 삶'이라는 뜻입니다. 'Work-Life Balance'는 1970년 영국의 워킹맘협회에서 시작되었는데 직장생활과 가정생활의 균형을 어떻게 맞춰야 하는가에서 나온 용어입니다. 이런 개념이 한국에서 워라밸이라는 단어로 사용되면서 많은 사람이 워라밸의 삶을 추구하고 있습니다. 일을 하면서도 삶을 누리는 균형 잡힌 삶을 추구하는 것이 연봉을 얼마 받느냐보다 더 중요한 가치가 되었습니다.

옛날에는 젊어서 열심히 일하고 나이 들어서는 마음껏 놀자는 구분이 있었는데, 이제는 일하면서 틈틈이 시간을 내어 누릴 것은 누리며 살아가자는 것이 워라밸입니다. 실제로 2020년 한 여론조사에 의하면 성인 10명 중 7명이 연봉보다 워라밸이 더 중요하다고 답변했습니다. 삶의 균형과 누림을 포기하면서 연봉을 더 많이 받는 것을 선택하지 않겠다는 뜻입니다.

그래서 등장한 개념이 '소확행'입니다. 소소하지만 확실한 행복을 누리며 살자는 뜻입니다. 해외여행을 갈 형편이 되지 않으면 주말에 도시의 호텔에서 하룻밤을 자면서 여행 온 것 같은 기분을 즐기는 사람들이 늘어나고 있습니다. 도시 밖으로 나가는 것을 바캉스라고 하고 호텔에서 이런 식으로 즐기는 것을 호캉스라고 합니다. 바캉스는 못 가도 호캉스는 하자, 삶과 일을 구분하지 말고 균형을 맞추자는 것이 바로 워라밸입니다.

마찬가지로 신앙생활에도 워라밸이 필요합니다. '신앙과 삶의 균형'이 바로 그리스도인이 추구해야 할 워라밸입니다. 언행일치가 아니라 신행일치가 되어야 합니다. 우리 안의 속사람과 겉사람이 같아지고 신앙과 삶이 일치되는 삶을 사는 것, 우리의 믿음과 행동이 같이 가는 삶이 신앙생활의 목표가 되어야 합니다. 지금은 워라밸 그리스도인이 필요합니다.

8절은 우리의 삶(Christian Life)이 어떠해야 하는지, 우리 속에 무엇을 갖추어야 하는지를 설명합니다. 우리의 삶이 담고 있어야 할 여덟 가지에 대해 살펴보겠습니다.

"끝으로 형제들아 무엇에든지 참되며 무엇에든지 경건하며 무엇에든지 옳으며 무엇에든지 정결하며 무엇에든지 사랑받을 만하며 무엇에든지 칭찬받을 만하며 무슨 덕이 있든지 무슨 기림이 있든지 이것들을 생각하라"(빌 4:8).

풀어쓰면 이런 내용입니다. "우리 안에 속사람이 든든하게 서야 하니 무엇을 하든지 참되게 하고, 경건하게 하고, 옳게 하고, 정결하게 하고, 사랑받을 일을 하고, 칭찬받을 일을 하고, 덕이 있는 일을 하고, 사람들이 기억하고 칭찬할 일을 하라."

우리의 생각 속에 있는 것이 나오기 마련입니다. 부지불식중 마음에 있는 것이 나오기 마련입니다. 그래서 마음속에 무엇을 품고 살아가느냐가 중요합니다. 내 속에 좋은 것이 있으면 좋은 것이 나오고, 사랑하는 것이 있으면 사랑이 나옵니다. 이것을 성경은 이렇게 말합니다.

"샘이 한 구멍으로 어찌 단물과 쓴 물을 내겠느냐 내 형제들아 어찌 무화과나무가 감람 열매를, 포도나무가 무화과를 맺겠느냐

이와 같이 짠 물이 단물을 내지 못하느니라"(약 3:11-12).

야고보서는 속에 있는 것이 겉으로 나온다고 분명히 말합니다. 속사람이 아름답게 빚어 있으면 아름다운 행동이 나오는 것이고, 속사람이 더러우면 더러운 것이 자연스럽게 나옵니다. 그래서 우리는 무슨 일을 만나든지 마음과 생각에 여덟 가지 기준을 새기고 살아야 합니다(빌 4:8). 참된 것을 하는지, 경건하게 하는지, 옳게 하는지, 정결하게 하는지, 사랑받고 칭찬받을 일을 하는지, 덕을 세우는 일을 하는지, 좋은 기억으로 남을 일을 하는지 늘 생각하는 습관이 우리 안에 자리 잡아야 합니다. 생각했던 그것이 결국 우리의 손과 발, 행동과 입을 통해 밖으로 나오기 때문입니다.

신행일치의 삶을
살아야 합니다

8절이 우리 안에 무엇이 있어야 하는지를 알려준다면, 9절은 우리의 행동(Christian Action), 즉 삶에서 무엇을 행해야 하는지를 알려줍니다.

"너희는 내게 배우고 받고 듣고 본 바를 행하라"(빌 4:9).

바울은 빌립보교회 성도들을 향해 목소리를 높입니다. "여러분은 내가 하나님의 말씀을 가르쳐 준 것을 배우고, 받고, 듣고, 본 바를 행하기 바랍니다. 그렇지 않으면 여러분의 믿음은 죽은 믿음입니다. 죽은 믿음이 여러분을 어떻게 구원하겠습니까?"

안에 담아두기만 하는 것은 믿음이 아닙니다. 우리 안을 믿음으로 채웠으면 손과 발로 행해야 합니다. 믿음과 행함의 균형을 말합니다. 행함이 없는 믿음은 아무리 좋은 믿음이어도 그 자체가 죽은 믿음입니다. 우리 안에 있는 것이 행함으로 나와야 우리의 영혼이 살아납니다.

"너희는 말씀을 행하는 자가 되고 듣기만 하여 자신을 속이는 자가 되지 말라"(약 1:22).

"영혼 없는 몸이 죽은 것같이 행함이 없는 믿음은 죽은 것이니라"(약 2:26).

믿음과 행함은 동전의 양면처럼 같이 가야 하는데 오늘날 그리스도인의 가장 큰 문제는 삶의 모습과 믿음이 일치하지 않는 것입니다. 교회에서의 모습과 집에서의 모습이 다르고, 교회에서의 모습과 직장에서의 모습이 차이가 납니다.

페르소나(Persona)는 고대 그리스 가면무도회에서 배우들이 쓰던 가면을 말합니다. 이 용어는 심리학자 칼 융에 의해 사용되면서 삶에서 마주하게 되는 다양한 역할에 맞게 썼다 벗었다 하는 가면을 의미하는 심리학 용어가 되었습니다. 페르소나는 긍정적인 면과 부정적인 면이 있습니다. 긍정적인 면은 자기 역할을 충실하게 하는 것이고, 부정적인 면은 모든 사람에게 연기하듯 가면을 쓴 모습으로 다가서는 것입니다. 그래서 자기 정체성을 잃어버리고 남들에게 위선적인 모습을 보일 때 이 단어를 쓰기도 합니다.

예를 들면 회사에서 사장은 기업 운영을 위해 5년, 10년 장기 계획을 세우고 사내 질서도 유지하는 사람입니다. 집으로 퇴근할 때는 사장이라는 페르소나를 벗고 남편 또는 아내의 역할을 감당해야 합니다. 그런데 사장이라는 가면을 쓴 상태로 집에 와서 아이들과 배우자 앞에서도 사장처럼 행동하면 가정이 회사가 되어 버립니다. 페르소나를 잘못 사용했을 때 나타나는 단점입니다.

페르소나를 잘 소화할 때 장점은 직장에서 인정받고, 가정에서 인정받고, 친구들 사이에서 인정받는 사람이 되는 것입니다. 그러나 단점의 시각으로 본다면, 그리스도인들이 페르소나를 완벽하게 소화해 낸다는 것입니다. 교회에서는 완벽한 그리스도인의 모습으로 있다가, 집으로 돌아가서는 가면을 벗고 무서운 아빠로 돌변하고, 회사에 가서는 회사의 분위기를 경직시키는 폭군이 되기도 한다는 말입니다. 이처럼 삶과 행동이 너무 다른 그리스도인들이 있습니다. 그들은 교회, 가정, 회사에서의 모습이 완전히 다른 세 인격으로 존재합니다. 이것이 기독교를 위험에 빠뜨립니다.

10여 년 전 캘리포니아에서 제자훈련세미나가 열려서 참석했습니다. 목장 소그룹 세미나였는데, 한 소그룹 가정을 방문하는 시간에 어느 목자 부부를 만나게 되었습니다. 아주 신실한 부부였습니다. 남편의 성품이 너무 좋아서 제가 "아이고, 꼭 목사님 같으십니다"라고 말했습니다.

그런데 그분이 간증을 시작했습니다. "목사님, 저는 우리 집의 폭군이었습니다. 제 아내가 증인이지만 저는 무서운 아빠였고, 아내와 하루가 멀다고 부부싸움을 하는 남편이었습니다. 그렇게 가정이 망가질 대로 망가졌는데 목사님이 갑자기 저를 목자로 세우셨습니다. 얼마나 고통스러웠겠습니까. 그날도 차 안에서까지 부부싸움을 하며 목장모임을 가고 있었는데, 뒷자리에 탄 초등학생 딸이 한숨을 쉬면서 하는 혼잣말이 귀에 들렸습니다. 그게 비수처럼 꽂혀서 철저하게 회개했습니다. '에휴, 우리 아빠 오늘 또 연기해야겠네.'"

그분은 아무것도 모르는 줄 알았던 딸에게 자신의 모습을 적나라하게 들킨 것이 너무 수치스럽고 고통스러웠다고 합니다. 이러한 자신의 모습을 숨겨서는 안 될 것 같다는 생각이 들어, 그날 목장모임에서 자신의 모습을 솔직히 고백하고 목원들에게 울면서 기도 부탁을 했다고 합니다. 그러자 그분의 고백을 들은 목원들도 자신의 모습을 반성하며 통곡하고 회개했다고 합니다. 그분은 그때를 기점으로 변화되기 시작했습니다. 더 이상 교회나 가정에서 가면을 쓸 필요가 없었다고 합니다.

아마 많은 가정이 비슷한 경험을 했거나, 현재 진행형인 가정도 있을 것입니다. 늦지 않았습니다. 가면을 벗어야 합니다. 그리스도인 연극을 그만두고, 진짜 그리스도인이 되어야 합니다. 집사, 권사, 장로, 목사라는 직분은 연극에서 맡은 배역이 아닙니다. 하나님이 우리의 삶을 담으라고 주신 그릇이기에 분리할 수 없습니다. 직분 역할의 가면을 쓸 것이 아니라, 직분이 우리의 삶이 되어야 합니다.

신앙과 삶이 하나님의 영광을 드러내는 것으로 연결되지 않은 사람들은 자신이 얼마나 복음을 가로막고 있는지 생각하지 못합니다. 기독교가 하루아침에 사람들에게 외면당하고, 손가락질당하고, 혐오 수준의 공격을 받는 것이 아닙니다. 어떤 면에서는 가면을 쓰고 진짜 그리스도인의 삶을 살아 내지 못한 우리의 책임도 있습니다.

실개천이 모여 강이 되고 강이 모여 바다가 되듯 너도나도 이런 경험을 쏟아 내다 보니 기독교 혐오와 같은 괴물이 만들어진 것입니다. 그래서 그리스도인을 과일에 비유한 재미있는 이야기도 있습니다. '그리스도인은 토마토가 되어야지 사과가 되면 안 된다.' 둘의 차이가 무엇입니까. 토마토는 겉과 속이 같은 빨간색입니다. 반면 사과는 겉은 빨간색, 속은 하얀색으로 겉과 속이 다

릅니다. 우리는 겉과 속이 다른 사람이 아니라 겉과 속이 같은 신
행일치의 삶을 살아야 합니다.

손발에 새겨진 믿음으로
살아야 합니다

이제는 말로만 복음을 전하고 그리스도인다운 행동을 하지 않
으면 전도가 안 되는 시대입니다. 성경은 이렇게 기록합니다.

"말씀이 육신이 되어 우리 가운데 거하시매 우리가 그의 영광을 보
니 아버지의 독생자의 영광이요 은혜와 진리가 충만하더라"(요 1:14).

기독교의 위대함은 말씀이 말씀으로 머물러 있는 것이 아니라,
말씀이 육신이 되어 사람들 가운데로 들어오신 것입니다. 그래서
사람들이 그 육신을 보고 아버지를 만나고 은혜를 체험하고 진리
를 깨닫게 되었습니다. 예수님의 말씀이 우리의 육신에 들어가서
손과 발로 세상에 거할 때, 세상이 우리를 보고 하나님의 지혜와
지식을 깨닫게 된다는 것입니다. 말씀이 손발에 새겨진 신앙이
되어야 합니다.

인도의 불가촉천민에게 복음을 전한 스탠리 존스 선교사의 자
서전《순례자의 노래》(복있는사람, 2007)에 따르면, 인도 사람들은
처음에는 예수님을 받아들이지 못했다고 합니다. 인도에는 1억

이상의 신이 존재하기 때문입니다. 그들은 자신들의 신이 예수님과 같은 말을 한다고 했습니다. 그런데 그들은 자신들이 믿는 신과 예수님의 차이를 알게 되었습니다. "우리의 신은 사랑하라고 명령을 내렸는데, 예수님은 사랑을 하더군요", "우리의 신은 용서하라고 가르쳤는데, 예수님은 용서를 하더군요", "우리의 신은 못 고칠 병이 없다고 능력을 자랑했는데, 예수님은 치료를 하더군요." 이를 깨달은 인도 사람들은 비로소 예수님을 받아들이게 되었다고 합니다.

사랑을 가르치지 않고 사랑을 실천하신 예수님, 용서를 가르치지 않고 용서를 해 주신 예수님, 그분이 말씀이 말씀으로 머물러 있지 않고 육신이 되어 우리 가운데 거하셨던 하나님이십니다.

"너희는 내게 배우고 받고 듣고 본 바를 행하라 그리하면 평강의 하나님이 너희와 함께 계시리라"(빌 4:9).

우리가 손발로 살아갈 때 내가 너와 함께하겠다고 하십니다. 손발에 새겨진 믿음으로 살아가는 것, 하나님이 평생 우리 곁에 머무시게 하는 비결입니다.

19. 단 하나면 나는 만족합니다

나는 모든 일 곧 배부름과 배고픔과
풍부와 궁핍에도 처할 줄 아는
일체의 비결을 배웠노라
빌립보서 4:10-14

사랑은
표현해야 합니다

빌립보교회 성도들이 보낸 헌금을 받아 든 바울은 고마움을 표현합니다. 바울이 얼마나 고마웠는지 기쁨으로 격앙된 분위기를 읽을 수 있습니다.

"내가 주 안에서 크게 기뻐함은 너희가 나를 생각하던 것이 이제 다시 싹이 남이니 너희가 또한 이를 위하여 생각은 하였으나 기회가 없었느니라"(빌 4:10).

빌립보서에는 기쁨이라는 단어가 많이 사용되는데 여기서는 바울이 크게 기쁘다고 말합니다. 비유하면 메가톤급으로 기뻐한 다는 것입니다. 바울이 이토록 크게 기뻐한 까닭은 "너희가 나를 생각하던 것이 이제 다시 싹이" 났기 때문입니다. 사랑은 품고 있는 것이 아니라 표현하는 것입니다. 빌립보교회 성도들이 말로만 사랑한다고 하지 않고 물질을 보내 줌으로 사랑을 표현한 것에 대해 바울이 크게 기뻐하는 것입니다.

빌립보교회 성도들이 보낸 헌금으로 인해 바울이 이토록 기뻐한 데는 이유가 있습니다. 바울은 2차 전도여행 때 빌립보교회를 개척했습니다. 이때 빌립보교회뿐만 아니라 에베소교회, 데살로니가교회, 베뢰아교회 등 많은 교회를 개척했습니다. 이 교회들은 바울을 후원하며 헌금을 보내기 시작했습니다. 그런데 바울이 감옥에 갇히는 일이 잦아지자 복음 전파가 자꾸 멈추는 것같이 보였습니다. 고민에 빠진 교회들은 후원을 중단하기 시작했습니다. 그런데 빌립보교회는 10년 동안 헌금을 보내 주었고, 에바브로디도까지 파송하며 후원을 끝까지 이어 갔습니다.

그런 빌립보교회에 문제가 생겼습니다. 10절의 뉘앙스를 보면 정기적으로 보내 왔던 빌립보교회의 선교 헌금이 한동안 뜸했던 것 같습니다. 바울은 사랑하는 교회가 자기를 생각하는 마음이 변했을까 봐 불안했습니다. 자신이 마음을 주고, 자신에게 마음을 주었던 교회가 변하는 모습을 보는 것은 큰 괴로움을 주기 때문입니다.

그런데 이게 웬일입니까? 빌립보교회가 바울을 변함없이 사랑하고 있다는 표현이 헌금을 통해서 전해진 것입니다. 이것은 돈이 아니라 돈에 묻어 온 사랑이었습니다. 바울은 헌금을 통해 '나를 향한 협력이 여전하구나, 나를 향한 사랑이 변하지 않았구나'라는 것을 느꼈을 것입니다. 이것이 바울이 메가톤급으로 기뻐하고 있다고 말한 이유입니다. 게다가 알고 보니 마음이 멀어져서 헌금이 뜸했던 것이 아니라, 어떤 이유로 기회가 없어서 못 보내고 있었다는 것을 알게 되었습니다. 그 마음을 확인한 바울은 안도가 되어 더욱 기뻤던 것입니다.

이러한 정황을 안 뒤 바울의 마음으로 10절을 다시 보면 이렇게 읽힙니다. "이제 알았습니다. 여러분의 지원이 끊긴 것이 마음이 변해서가 아님을 말입니다. 늘 마음은 있었지만 어떠한 이유로 기회를 놓치고 연락할 길이 막혀서 잠시 여러분의 소식이 끊어졌다는 것을 알았습니다. 이렇게 물질과 함께 당도한 여러분의 사랑을 알게 되니 메가톤급으로 기쁩니다."

어떤 상황에서도
주만 바라봅니다

바울은 이어서 "내가 궁핍함으로 말하는 것이 아니니라 어떠한 형편에든지 나는 자족하기를 배웠노니"(빌 4:11)라고 말합니다. 즉 바울은 "빌립보교회 성도 여러분, 내가 돈이 없어 궁핍한 중에 있었는데 갑자기 돈이 생겨서 좋아하는 것이 아닙니다. 나는 있으면 있는 대로, 없으면 없는 대로 사는 법을 진작 배웠습니다. 나는 없어도 비굴하지 않게 사는 법을 배웠고 있어도 교만하지 않게 사는 법을 배웠습니다. 나는 자족하는 법을 배웠습니다. 내가 메가톤급 기쁨을 누리는 것은 여러분의 변치 않은 마음을 알았기 때문입니다"라고 말한 것입니다.

본문에서 말하는 요지는 그리스도인이 부를 버리고 가난을 선택해야 한다는 것이 아닙니다. 바울의 요점은 가난하게 사는 법도 배웠고 부자로 사는 법도 배웠다는 뜻입니다. 다시 말해 가난할 때 가난에 지배당해서 세상을 다 잃은 사람처럼 비굴하게 살지 않고 가난해도 복음을 전하는 법을 배웠다는 말입니다. 그러다가 부자가 되었을 때 부귀영화에 취해서 하나님을 잃어버리지 않고 하나님의 일을 하는 법도 배웠다는 말입니다. 그래서 바울은 물질을 대하는 태도를 설명합니다.

"나는 비천에 처할 줄도 알고 풍부에 처할 줄도 알아 모든 일 곧 배부름과 배고픔과 풍부와 궁핍에도 처할 줄 아는 일체의 비결을 배웠노라"(빌 4:12).

나는 내게 주어진 대로 가난 속에서도 복음을 전하고, 풍부함 속에서도 복음을 전할 준비가 되었다는 것입니다. 바울은 어렸을 때부터 풍부했던 사람입니다. 그러나 그는 천대를 받으며 감옥에도 가 봤습니다. 바울은 부자였다고 복음을 포기한 적도 없고, 가난했다고 비굴하게 하나님을 모른다고 한 적도 없습니다.

바울의 물질관은 그리스도인들이 가져야 할 중요한 물질관입니다. 바울은 유연한 사고로 삶을 대했습니다. 우리가 선택해야 할 것은 비천이나 풍부가 아닙니다. 어떠한 환경에 처했을지라도 주님 사랑하는 마음을 잃지 않고 복음을 전하는 일에 게으르지 않은 전천후 신앙을 가져야 합니다.

우리가 추구해야 할 것은 가난해지는 것이 아닙니다. 부자가 되는 것도 아닙니다. 이것은 하나님께 맡겨야 합니다. 부와 가난은 믿음의 크기와 상관이 없습니다. 마태복음 25장에는 달란트 비유가 나오는데 왜 주인이 어떤 종에게는 다섯 달란트를 주고, 어떤 종에게는 한 달란트를 주었는지 설명이 없습니다. 이 비유는 무엇을 얼마만큼 받았든지 간에 그것을 통해 하나님의 일을 했는지가 중요하다는 것을 알려 줍니다. 오늘은 물속에다 넣고 내일은 불속에다 넣어도 물속에서도 하나님을 전하고, 불속에서도 하나님을 찬양할 수 있어야 합니다. 그래서 하나님은 부에도 넘어지지 않고, 가난에도 넘어지지 않도록 우리를 훈련하시는 것입니다.

그러므로 우리가 추구해야 하는 것은 부자로 살 것이냐 가난하게 살 것이냐가 아니라 하나님이 어떤 형편으로 인도하셔도 그것을 다룰 수 있는 믿음을 갖는 것입니다. 부가 왔을 때 교만하지도 않고 가난했을 때 비굴해지지 않는, 어떠한 환경에서도 주님을 바라보는 신앙을 가져야 합니다.

어떤 상황에서도
사명을 감당해야 합니다

이런 맥락에서 13절을 보겠습니다.

"내게 능력 주시는 자 안에서 내가 모든 것을 할 수 있느니라"(빌 4:13).

어쩌면 성경에서 가장 오해받는 구절입니다. 한 구절만 읽으면 마치 무한한 능력이 생기는 것 같습니다. 내게 힘주시는 분이 계시면 눈먼 사람에게 손을 얹으면 눈이 떠지고, 성적이 안 좋은 아이에게 안수하면 시험 성적이 크게 오르는 초능력이 생긴다는 것이 아닙니다. 13절 말씀은 '내가 모든 상황에 처할 줄 아는 능력을 갖추었다'는 것입니다. 전천후 그리스도인으로 살 수 있다는 뜻입니다. 이것이 "내게 능력 주시는 자 안에서 내가 모든 것을 할 수 있느니라"입니다.

여기에서 나오는 능력, '두나미스'라는 단어는 모든 것을 할 수 있는 능력이 아니라 '모든 것을 감당해 내는 능력'이라고 할 수 있습니다. '두나미스'라는 단어에서 '다이너마이트'와 '다이내믹'이라는 단어가 나왔습니다. 다이너마이트처럼 부수는 것도 능력이고, 은근히 적응하며 나가는 다이내믹도 능력입니다. 한 대도 맞지 않고 복음을 전하는 것도 능력이지만, 천 대를 맞아도 포기하지 않고 복음을 전하는 것도 능력입니다. 신비한 재주로 돌을 피하는 것도 능력이지만, 돌을 맞으면서도 꿋꿋하게 복음을 전하는 것도 능력입니다. 가난한 중에 복음을 전하는 것도 능력이지만, 부자가 되어서도 계속 복음을 전하는 것도 능력입니다. 이것이 다이너마이트와 다이내믹이라는 능력의 정의입니다.

바울은 전천후 그리스도인으로 사는 법을 배웠습니다. 봄이 오면 바람을 즐기고, 여름이 오면 물을 즐기고, 가을이 오면 열매를 즐기고, 겨울이 오면 눈을 즐기면서 겨울에 여름을 그리워하지 않고, 여름에 겨울을 기다리지 않으며 하나님이 주신 환경에서 적응해 살아가겠다는 것입니다. 바울은 우리에게도 이 비결을 배우라고 말합니다.

이렇게 일체의 비결을 배워 가난에 처할 줄 아는 능력이 생겼다고 해서 바울이 가난을 즐긴다고 생각해서는 안 됩니다. 바울

스스로가 괜찮다고 했으니 괜찮았겠지만, 바울이 당한 고난을 남 일처럼 여겨서는 안 됩니다. 고난을 잘 버틴다고 박수 쳐 주는 사람은 구경꾼입니다. 동역자는 고난을 함께 나누어 지고 고난에 참여하는 사람입니다. 그래서 바울은 고난의 짐을 덜어 주는 빌립보교회 성도들에게 고맙다고 말합니다.

"너희가 내 괴로움에 함께 참여하였으니 잘하였도다"(빌 4:14).

바울이 자족하는 비결을 배웠다고 해서 빌립보교회 성도들은 그런가 보다 하며 뒷짐지지 않았습니다. 바울의 괴로움에 함께 참여했습니다. 그들은 자신도 어려운 중에 도움을 주며 바울의 짐을 나누어 졌습니다. 성도들은 목회자가 고난을 묵묵히 이겨 내는 삶을 좋아합니다. 그러한 모습에 박수를 쳐 줍니다. 그러나 성도라면 박수만 칠 것이 아니라 함께 목회자의 어려움을 져 주는 사람이 되어야 합니다.

경건이 가난과 부로 허물어진다면 그 경건은 약한 경건입니다. 가난에 처할 때도 있고 풍부에 처할 때도 있겠지만 더 중요한 것은 어떤 형편에 처해도 넘어지지 않는 비결을 배우는 것입니다. 어떤 형편에서도 사명을 잃어버리지 않는 비결을 배워야합니다. 주님이 좋은 환경을 주셨을 때, 그것 때문에 사명을 잃어버리거나 주님과 멀어지지 않기를 바랍니다. 주님이 언제든 도로 가져가시겠다 하면 내어 놓을 줄 아는 믿음도 갖기를 바랍니다.

세미한교회에서 사역할 때 핸드폰 수리업을 하는 신실한 집사님이 있었습니다. 직원이 200명이 넘을 정도로 사업이 잘되었습니다. 집사님은 회사 내 눈에 잘 띄는 곳에 "온 세상에 복음이 전해질 때까지 주님의 영광을 위하여!"라는 문구가 적힌 현수막을 걸어 놓을 정도로 하나님이 맡기신 부를 하나님을 위해 사용했습니다.

그런데 시대가 변하자 핸드폰도 자주 모델이 바뀌어서 기존 장비들이 따라갈 수 없었습니다. 결국 일 년 정도 고생을 하다가 사업을 접게 되었습니다. 제가 얼마나 간절하게 하나님께 기도했는지 모릅니다. "하나님의 영광을 위한 기업입니다. 이 기업은 하나님이 살려 주셔야 합니다"라며 간절히 기도했지만 결국 사업을 접을 수밖에 없었습니다. 폐업예배를 드리기 위해 모인 모든 직원이 울었습니다. 그러다가도 직원들은 울다가 웃었습니다. 이곳에서 행복했던 기억이 떠올랐기 때문입니다.

한 달 정도 지나고 나서 그 집사님을 보았습니다. 표정이 아주 밝았습니다. 그가 제 손을 잡더니 이렇게 말했습니다. "목사님, 너무 감사하고 너무 행복해요." 당황한 제가 행복한 이유를 물었습니다. "시간 맞춰서 직원들 월급 안 줘도 되니 너무 행복해요. 취직해서 월급 받고 사는 게 이렇게 행복한 줄 몰랐어요. 그리고 지난 한 달 동안 주님과 가까운 시간을 보내서 믿음이 좋아졌어요."

그때 제가 큰 감동을 받았습니다. '가난이 이분의 믿음을 빼앗아 가지 못하는구나.' 그 집사님은 부자로 살 때도 그 돈으로 교회를 개척하고, 직원들을 돌보는 데 사용했습니다. 가난에 처했을 때는 그 환경에서 믿음을 더 키우고 감사의 제목을 찾았습니다. 이런 사람이 바로 일체의 비결을 배운 사람입니다.

하나님이 지금 우리에게 물질의 연단을 주셔도 그 물질은 어디 가지 않습니다. 주님 손에 있습니다. 하나님은 우리가 어려운 중에도 신실하게 하나님의 일을 하는지 보고 계십니다. 그리고 하나님의 때가 되면 그 물질을 또다시 맡기실 것입니다. 물질이 있느냐 없느냐는 중요하지 않습니다. 어떤 상황 속에서도 내가 신실하게 감당할 능력이 있는지가 중요합니다.

20. 섬김은 어디로 가는가

이는 받으실 만한 향기로운 제물이요
하나님을 기쁘시게 한 것이라

빌립보서 4:15-20

언젠가가 아닌
오늘부터 섬기십시오

바울은 빌립보교회 성도들에게 받은 것들 때문에 크게 기뻐했습니다. 물질로 섬김을 받은 바울은 빌립보교회를 축복하며 되돌려 주었습니다. 빌립보교회 성도들은 물질로 섬겼고 물질을 받은 바울은 그들을 위해 하나님께 복을 빌어 주었습니다. 빌립보교회 성도들이 어떤 자세로 바울을 섬겼는지, 그리고 그 섬김을 통해 어떤 복을 받게 되었는지 살펴보겠습니다.

빌립보교회 성도들의 섬김의 자세부터 보겠습니다.

첫 번째, 오늘부터 섬기는 섬김의 자세입니다. 빌립보교회의 섬김은 '오늘부터' 시작됐습니다. 언젠가 꼭 섬기겠다는 사람은 세상에 많습니다. 그런데 오늘부터 섬기겠다고 하는 사람은 많지 않습니다. 빌립보교회는 언젠가 바울의 일에 동참하겠다고 하지 않았습니다. 사정이나 형편을 따지지 않고 할 수 있는 한 오늘부터 시작했습니다.

"내가 마게도냐를 떠날 때에 주고받는 내 일에 참여한 교회가 너희 외에 아무도 없었느니라 데살로니가에 있을 때에도 너희가 한 번뿐 아니라 두 번이나 나의 쓸 것을 보내었도다"(빌 4:15-16).

마게도냐교회는 빌립보교회, 데살로니가교회, 베뢰아교회를 일컫습니다. 빌립보교회 성도는 바울이 이 세 교회를 개척하고 마게도냐를 떠날 때부터 섬겼습니다. 학자들에 따르면 바울이 빌립보교회를 먼저 개척하고 데살로니가교회와 베뢰아교회를 개척한 뒤, 마게도냐를 떠날 때까지의 기간을 최대 1년 정도로 잡습니다. 그러니까 예수님을 믿은 지 1년 정도밖에 되지 않은 빌립보교회 성도들이 바울을 섬긴 것입니다. 섬김은 예수님을 믿은 지 5년 후부터, 10년 후부터 시작하는 것이 아니라 예수님을 믿자마자 바로 시작할 수 있습니다.

빌립보교회는 예수님을 믿은 지 1년도 안 됐는데 섬김의 기회를 놓치지 않고 선교에 동참하는 교회가 되었습니다. 주목할 부분은 "데살로니가에 있을 때에"(빌 4:16)입니다. 바울이 마게도냐를 떠나기 전 데살로니가에 있을 때도 빌립보교회 성도들은 여러 번 반복해서 바울을 도왔습니다.

바울은 빌립보교회를 약 6개월 정도 섬기고 데살로니가로 갔습니다. 즉 빌립보교회 성도들은 예수님을 믿은 지 6개월 정도가 되어서 복음 사역에 동참한 것입니다. "마게도냐를 떠날 때에"(빌 4:15)와 "데살로니가에 있을 때에"(빌 4:16)를 흘려 읽으면 아무 감동이 없습니다. 하지만 주의해서 살펴보면 빌립보교회는 예수님을 믿은 그때부터 바울을 섬긴 것임을 알게 됩니다.

섬김은 교회를 가장 오래 다닌 사람이 하는 것이 아니라, 교회를 가장 사랑하는 사람이 하는 것입니다. 섬김은 언젠가 하는 것이 아니라 오늘 하는 것입니다. 지금부터 할 수 있는 일을 찾아서 오늘부터 하는 그 사람은 평생 섬길 수 있습니다. 오늘부터 하나님의 일을 시작해도 그날이 살아온 날 중 제일 늦은 날입니다. 그러나 바꾸어 말하면 남은 날 중에는 제일 일찍 시작하는 것입니다. 자녀들 출가시켜 놓고, 손자들 돌보고 난 후 언젠가는 해야지 하면 섬길 수 있는 시기는 오지 않습니다. 하나님의 일은 지금 해야 합니다. 그래야 평생 때를 놓치지 않고 하나님의 일을 할 수 있습니다.

지속적으로, 대가없이
섬기십시오

두 번째, 지속적으로 섬기는 자세입니다. 빌립보교회 성도들은 한 번 대단하게 섬기고 마는 것이 아니라 지속적으로 섬겼습니다.

"데살로니가에 있을 때에도 너희가 한 번뿐 아니라 두 번이나 나의 쓸 것을 보내었도다"(빌 4:16).

개역개정 성경에는 '한 번, 두 번'으로 번역했지만 새번역 성경에는 '몇 번'이라고 표현하고, NIV 성경에는 '자주 반복해서'(again and again)라고 표현합니다. 두 번만 도운 것이 아니라 바울이 필요할 때마다 반복해서 도운 것입니다. 빌립보교회 성도들은 바울이 데살로니가에 가서 교회를 개척할 때, 마게도냐를 떠날 때, 10년의 세월이 흐르는 동안 바울을 도왔습니다. 바울이 로마 감옥에 있을 때도 에바브로디도를 보내 도왔습니다. 이처럼 멈추지 않고 성실하게 주님 오실 때까지 하는 섬김이 참된 섬김입니다.

어느 교회를 가더라도 왕년에 열심히 한 성도가 제일 많고, 금년에 열심히 하는 성도는 제일 적습니다. 그래서 성도는 많은데 일꾼이 없다는 것이 한국교회의 고충입니다. 왕년에 열심히 했기 때문에 지금 좋은 교회가 되어 있겠지만 건강한 교회가 되려면 왕년에 열심히 한 사람만 많은 게 아니라 왕년에도 열심히 하고 금년에도 열심히 하고 내년에도 열심히 하는 사람이 많아야 합니다. 섬김은 할 만큼 했다고 그만하는 것이 아니라 끝까지 해야 합니다.

세 번째, 대가를 바라지 않는 섬김의 자세입니다. 누구든지 섬기면서 대가를 바랍니다. 그러나 빌립보교회는 대가를 바라지 않고 바울의 사역에 동참했습니다. "마게도냐를 떠날 때에", "데살로니가에 있을 때에"는 모두 바울이 빌립보교회 성도들과 함께 있지 않을 때였습니다. 빌립보교회를 떠난 바울을 계속해서 지원하며 섬긴 것입니다.

사람은 눈앞에 있는 사람에게 잘하고, 떠난 사람에게는 인색합니다. 떠나는 사람을 후대해서 보내는 것은 참으로 어려운 일입니다. 떠나는 사람에게 할 수 있는 섬김은 대가를 기대하면 할 수 없는 일입니다. 빌립보교회가 바울이 떠나서 다시 돌아오지도 못할 것 같은 데살로니가에 있을 때도 여러 번 도왔고, 마게도냐를 떠났는데도 도왔고, 온 땅을 돌아다닐 때도 도왔다는 것은 대가를 기대하지 않고 순수하게 섬긴 것입니다. 떠나는 사람을 후대해 보내는 것은 아름다운 섬김의 자세입니다.

섬기면서
받는 복이 있습니다

빌립보교회의 섬김을 받은 바울은 하나님의 이름으로 빌립보교회 성도들을 축복합니다. 그 축복의 내용을 토대로 하나님이 섬기자는 자에게 주시는 복이 무엇인지 살펴보겠습니다.

첫 번째, 섬기는 사람에게 하나님은 기도하는 사람을 붙여 주십니다. 바울은 이렇게 말합니다.

"내가 선물을 구함이 아니요 오직 너희에게 유익하도록 풍성한 열매를 구함이라"(빌 4:17).

바울은 "내가 섬김을 받아서 기쁜 게 아니라 여러분이 보내 준 섬김으로 인해 여러분을 마음껏 축복해 줄 수 있어서 기쁘다"고 이야기합니다. 나를 섬겨 준 것 때문에 내 입에서 축복기도가 나온다는 뜻입니다. "내가 여러분에게 유익하도록 풍성한 열매를 구하고 있다. 하나님 앞에 지금 구하고 있다. 복이 넘치도록 내가 기도하고 있다"라는 말입니다.

섬김이 주는 복은 섬김을 받은 사람이 섬기는 사람을 위해 기도하는 것입니다. 그 기도가 섬기는 사람에게 얼마나 복이 되는지 모릅니다. 빌립보교회 성도들의 섬김이 바울의 입에서 기도를 끌어 냈습니다. 내 주변에 나를 위해 기도해 주는 사람이 많기를 원합니까? 간단합니다. 먼저 섬기십시오. 먼저 섬기면 섬김받은 사람이 나를 위해 기도할 것입니다.

두 번째, 섬김은 하나님께 올리는 향기로운 제물이기 때문에 축복이 됩니다. 섬기는 것이 사람에게 하는 것 같지만 섬김은 '사람에게'가 아니라 '사람을 통하여 하나님께' 하는 것입니다. 사람에게 한 섬김은 결국 하나님께로 올라가는 예물이 되고 하나님이 기뻐하시는 일이 됩니다.

"내게는 모든 것이 있고 또 풍부한지라 에바브로디도 편에 너희가 준 것을 받으므로 내가 풍족하니 이는 받으실 만한 향기로운 제물이요 하나님을 기쁘시게 한 것이라"(빌 4:18).

바울이 기쁜 이유는 '여러분이 나를 섬긴 것이 아니다. 여러분의 섬김은 나를 통하여 하나님께로 올라가는 향기로운 제물이 되었다. 내 기쁨하고는 비교할 수 없이 하나님의 기쁨이 되기 때문'이라는 것입니다. 섬김은 하나님 앞에 향기로운 제물로 올라갑니다. 섬김의 신비를 알게 되면 이 기회를 놓치지 않게 됩니다.

"너희를 영접하는 자는 나를 영접하는 것이요 나를 영접하는 자는 나를 보내신 이를 영접하는 것이니라 선지자의 이름으로 선지자를 영접하는 자는 선지자의 상을 받을 것이요 의인의 이름으로 의인을 영접하는 자는 의인의 상을 받을 것이요 또 누구든지 제자의 이름으로 이 작은 자 중 하나에게 냉수 한 그릇이라도 주는 자는 내가 진실로 너희에게 이르노니 그 사람이 결단코 상을 잃지 아니하리라 하시니라"(마 10:40-42).

내가 선지자를 대접하면 하늘나라에서 선지자의 상을 받고, 의인을 대접하면 의인의 상을 받습니다. 작은 자에게 물 한 잔 대접한 것도 그 물이 작은 자를 통해서 하나님께 기쁨의 제물이 되었기 때문에 천국에 갔을 때는 물 한 잔을 상으로 받는 것이 아니라 생명수 강가와 같은 상을 받습니다. 이것을 깨달을 때 기쁘게 섬기게 됩니다. 사람을 섬기는 것이 아니라 그 사람을 통해서 하나님을 섬기는 것임을 알았기 때문입니다. 이것을 깨닫지 못한 사람들은 내 앞에 놓인 보석과도 같은 귀한 섬김의 기회들을 놓쳐버리기 일쑤입니다. 그때 놓치는 것은 내 앞에 있는 사람이 아니라 하나님께 드릴 수 있는 기쁨의 제사의 기회입니다.

세 번째, 섬김의 축복은 하나님이 쓸 것을 풍성하게 채워 주신다는 것입니다. 우리가 섬기지 못하는 이유는 섬김이라는 것은 나에게서 빠져 나가기만 한다고 생각하기 때문입니다. 그런데 섬길 줄 아는 사람은 나에게서 나가면 하나님이 채워 주신다는 것을 알고 있습니다.

"나의 하나님이 그리스도 예수 안에서 영광 가운데 그 풍성한 대로 너희 모든 쓸 것을 채우시리라"(빌 4:19).

하나님이 영광 가운데 필요한 것을 넉넉하게 채우신다는 믿음을 가진 사람은 기회가 왔을 때 섬깁니다. 그 믿음으로 순수하게 섬기는 것을 보시고 하나님은 말씀처럼 풍성한 대로 채워 주십니다. 우리가 섬길 때 하나님이 영광 가운데 쓸 것을 넉넉히 채워 주실 것입니다.

우리가 작은 자에게 밥 한 끼 사 주고, 낙심한 사람을 일으켜 세워 주고, 소망 없는 사람의 소망을 찾아 주다 보면 한 가지를 알게 될 것입니다. 내가 사람을 일으켜 세운 게 아니라 일으켜 세우는 중에 하나님이 날 일으켜 세우셨음을, 내가 사람을 살린 게 아니라 사람을 살리는 것 때문에 하나님이 나를 살려 주셨음을 말입니다. 결국 섬기면서 살아나는 사람은 내가 된다는 사실을 깨닫게 될 것입니다.

21. 은혜로 시작해서 은혜로 끝나는 인생

주 예수 그리스도의 은혜가
너희 심령에 있을지어다
빌립보서 4:21-23

주 안에서
기쁨을 누리십시오

빌립보서는 은혜(빌 1:2)로 시작해서 은혜(빌 4:23)로 끝나는 서신입니다. 빌립보서는 로마 감옥에서 쓰인 편지입니다. 그런데 감옥 안에 있었던 바울은 놀랍게도 감옥 안에서 사람들이 사용하지 않는 단어를 18회나 사용합니다. 기쁨이라는 단어입니다. 어떻게 감옥 안에 있는 사람이 기쁨의 서신을 쓸 수 있었을까요? 그 이유는 한 가지입니다. 바울은 한 번도 감옥 안에 있던 적이 없었고 언제나 예수님 안에 있었기 때문입니다.

기쁨은 환경에서 오는 것이 아니라 주 안에 있을 때 옵니다. 어떠한 파도가 몰려와도 주 안에 있는 사람은 주님이 안전하게 지켜주십니다. 바울은 감옥 안에 있었지만 늘 주님 안에 있었고, 은혜 안에 있었습니다. 세상의 것을 다 가져도 주님 안에 거하지 않는 사람은 공허함을 채울 수 없고, 세상의 것이 부족해도 주님 안에 있는 사람은 주님이 주시는 만족으로 기쁨을 빼앗기지 않습니다.

우리는 코로나19로 인해 지난 몇 달 동안 바울처럼 창살 없는 감옥 안에서 살았습니다. 우리의 환경은 코로나19 안에 있지만, 그럼에도 주님이 주시는 기쁨을 소유한 사람이 되어 환경을 이겨야 합니다. 주님 안에 거하십시오. 모든 기쁨의 이유는 주님 안에 있을 때 할 수 있는 고백입니다. 계속해서 바울은 이렇게 고백합니다.

"너희 안에서 착한 일을 시작하신 이가 그리스도 예수의 날까지 이루실 줄을 우리는 확신하노라"(빌 1:6).

바울은 너희 안에서 착한 일을 시작하신 이가 친히 그 일을 이루실 줄을 확신한다고 말합니다. 내가 예상하지도 못했던 일이 일어나고, 내가 계획했던 모든 것이 멈추고, 어떻게 해야 할지 막막한 상황에 놓여 있을지라도 믿음을 가진 자는 압니다. 우리 안에 착한 일을 시작하신 그리스도가 그 일을 반드시 이루실 것을 말입니다. 그것을 신뢰하는 것이 믿음입니다. 믿음은 바라는 것들의 실상이고, 보지 못하는 것들의 증거입니다. 그러나 보이는 것보다 더 확실하게 믿는 것이 믿음입니다.

바울은 이것을 감옥 안에서 경험했습니다. 바울의 계획은 자유롭게 다니며 복음을 전하는 것이었습니다. 그러나 하나님의 계획은 바울이 감옥에 있는 것이었습니다. 바울이 생각한 것과 정반대의 상황입니다.

감옥 안에 갇혀서 아무것도 할 수 없지만, 바울이 감옥에서 고백하는 것은 내게 착한 일을 시작하신 그분이 하나님의 일을 이루신다는 것입니다. '내가 일하지 못하고 가만히 있어도 하나님은 일하고 계신다, 하나님은 가장 빠르게 일하고 계신다, 주님의 계획은 내가 멈추어 있다고 해서 이루어지지 않는 것이 아니라 한 치의 오차도 없이 이루어지고 있다'는 것입니다.

그리고 바울은 놀랍게도 그 계획이 한 치의 오차도 없이 이루어지는 것을 직접 눈으로 보게 됩니다. 바로 감옥 안에서 복음이 전해진 것입니다. 감옥에 들어오면 복음을 전할 수 없다고 생각했는데 감옥 안에서 가장 많은 일을 한 것입니다. 감옥에 있는 바울에게 아침부터 밤까지 2명씩 짝지어 보초가 왔습니다. 바울의 눈에는 그들이 제자훈련을 받으러 오는 것처럼 보였습니다. 그 당시 로마 군인들은 노예가 아니라 모두 로마 시민권을 가진 사람들입니다. 영향력 있는 군인들입니다. 최정예 로마 시민들에게 복음을 전하게 된 것입니다. 이에 대해 바울은 이렇게 말합니다.

"모든 성도들이 너희에게 문안하되 특히 가이사의 집 사람들 중 몇이니라"(빌 4:22).

바울은 로마 황제의 시위대의 사람들과 감옥을 청소하는 사람, 음식을 만들고 나르는 사람, 허드렛일을 하는 사람들까지 감옥을 돌보는 모든 사람에게 복음을 전했습니다. 바울은 가만히 앉아 있는데 그들이 찾아와 제자훈련을 받았습니다. 그들에게 복음이 전해지는 것을 보고 바울은 이런 고백을 합니다.

"형제들아 내가 당한 일이 도리어 복음 전파에 진전이 된 줄을 너희가 알기를 원하노라 이러므로 나의 매임이 그리스도 안에서 모든 시위대 안과 그 밖의 모든 사람에게 나타났으니"(빌 1:12-13).

놀라운 일 아닙니까? 나는 앉아 있는데 복음이 전달됩니다. 이것을 통해 우리는 알게 되었습니다. 사람의 눈에는 돌아가는 듯 보이고, 실패한 듯 보이고, 멈추어 있는 듯 보이지만 지나고 보면 가장 빨리 가는 길이었다는 것을 말입니다.

지금 우리의 삶은 누가 봐도 곡선입니다. 멈추어 있는 듯한 감옥 같은 환경입니다. 그러나 하나님이 일을 시작하셨습니다. 우리는 고백하게 될 것입니다. "나의 당한 일이 도리어 복음 전파에 진전이 된 줄을 여러분이 알기를 원합니다"라고 말입니다. 하나님은 장소에 구애받지 않고 일하시는 분입니다. 내가 세운 계획이 빗나갈 수 있습니다. 사람이기에 실패할 수 있습니다. 사람이기에 실수할 수 있지만, 하나님은 실수투성이인 나를 아시고 방책을 세워 두셨습니다.

예수님의 마음을 품은 곳에
천국이 임합니다

그런 깊은 은혜를 경험한 바울이 빌립보교회 성도들에게 한 당부는 무엇이었습니까? 지금까지의 바울의 당부를 다시 돌아보며 그렇게 살기 위해 우리도 힘써야 합니다.

첫 번째, 그는 빌립보교회 성도들에게 복음에 합당한 삶을 살라고 당부합니다. 복음에 합당하게 살라는 말은 천국 시민처럼 나보다 남을 낮게 여기면서 화평하게 살라는 말입니다. 자신이 남보다 낫다고 주장하는 세상과는 반대로 남을 높여 주고 칭찬해 주며 서로를 세워 주는 공동체에 어떻게 사탄이 들어와 이간질을 하겠습니까.

천국 같은 에덴동산에서 하와를 보며 '내 뼈요 내 살'이라고 감탄을 연발하던 아담이 죄를 짓자마자 '저 여자 때문에 내가 죄에 빠졌다'고 원망했을 때 그곳은 지옥으로 변했습니다. 천국은 서로를 향해 감탄할 때, 지옥은 서로의 잘못을 지적할 때 자연스럽게 만들어집니다.

스스로를 세상 모든 사람보다 낮추신 분이 예수님이십니다. 왕이신 주님은 스스로 낮아지시고 우리를 높여 주셨습니다. 그래서 바울은 너희도 예수님이 가지신 그 마음을 품고 살아야 한다고 말합니다. 예수님은 하나님이시면서도 하나님과 같은 위치를 고집하지 않으시고 인간을 구원하기 위해 인간으로 낮아지셨습니다. 높은 왕의 자리에 앉지 않으시고 가장 낮은 종의 자리까지 낮아지신 것입니다. 죄인을 구원해야겠기에 죄인들이 달리는 십자가의 자리까지 낮아지셨습니다. 죄인뿐 아니라 죽은 자까지도 살리시기 위해 무덤에까지 내려가셨습니다. 자기를 비우신 그 모습이 '케노시스'입니다.

자신을 더 이상 낮출 수 없을 때까지 낮추시니 하나님은 예수님을 높여 주셔서 하늘 위에 있는 것도, 땅 위와 땅 아래 있는 모든 것도 그분 앞에 무릎을 꿇고 경배하게 해 주셨습니다. 나보다 남을 낮게 여기는 교회는 천국 같은 교회입니다. 서로가 더 낮은 자리를 차지하려는 선의의 경쟁이 있는 교회는 천국 같은 교회입니다.

두 번째, 바울은 우리에게 에바브로디도와 같은 성도가 되라고 권면합니다. 빌립보교회에서 파송된 그는 자기의 생명을 바치면서까지 사명을 감당했습니다. 교회를 위해 바울의 쓸 것을 아끼지 않고 최선을 다해 섬겼습니다. 죽을병에 걸려도 자기를 파송한 빌립보교회 성도들이 알게 될까 봐 노심초사 했습니다. 자신을 믿고 보내 준 빌립보교회에 누가 되지 않을까를 먼저 생각하면서 자신의 생명도 아끼지 않았던 에바브로디도와 같은 성도가 되라고 바울은 말합니다.

그는 에바브로디도를 빌립보교회로 돌려보내면서 "그를 영광스럽게 영접하고 이와 같은 사람을 존귀히 여기라"고 권면합니다. 모든 성도가 귀하게 여기고 존귀히 여기는 성도는 천사도 흠모하는 성도입니다. 천사가 염려해 주는 성도가 되지 말고 천사도 흠모하는 성도가 되길 바랍니다.

세 번째, 교회 안에 들어온 기쁨 도둑을 잘 분별해 멀리하라고 합니다. 그 도둑은 율법주의나 자유주의라는 이름으로 온다고 했습니다. 은혜 안에서 예수 그리스도의 복음으로 변화를 받아 십자가를 지고 가는 사람들에게 도둑 하나가 들어왔는데 율법주의자입니다. 그들은 빌립보교회 성도들에게 모세의 율법을 보여 주며 '이거 지켰냐, 저거 지켰냐' 물으며 자신들도 지키지 못하는 구약의 율법들을 가르치면서 죄의 올무를 씌웠습니다. 바울은 율법주의자들에게 매여서 너희 기쁨을 빼앗기지 말라고 강조합니다.

또한 하나님을 믿는다고 하면서 육신은 죽고 영은 천국 가게 되니 방탕의 종으로 살도록 유혹하는 쾌락주의와 그리스도 안에서 누리는 참된 기쁨을 잃어버리게 하는 자유주의도 빌립보교회의 무서운 기쁨 도둑이었습니다.

우리는 율법주의도 아니고 자유주의도 아닌, 오직 예수 그리스도 안에서 참된 기쁨을 누리는 진정한 복음주의로 살아야 합니다. 그렇게 주 예수 그리스도의 십자가와 부활을 살며 그분이 주시는 참된 기쁨을 누리는 그리스도인이 되어야 합니다.

은혜 안에 거할 때만
기쁨이 충만합니다

네 번째, 바울은 자기가 추구했던 모든 성공과 유익을 배설물로 여긴다고 말했습니다. 바울에게는 산헤드린 공회원이 되는 것, 정치적 권력을 갖는 것처럼 세상의 성공이 모두 배설물처럼 느껴졌습니다. 보석처럼 빛나던 것들이 진짜 보석을 만나니 모두 시시해진 것입니다.

바울은 그것들을 포기한 것이 아닙니다. 시시한 것을 포기한다고 말할 사람은 없습니다. 그것은 추구할 것도 아니기 때문입니다. 예수님을 열망하게 되면 자연스럽게 세상 것들을 버리게 됩니다. 우리는 세상 것들을 버리려고 노력할 필요가 없습니다. 예수님이 너무 좋으면 예수님만 바라보느라 다른 것을 잊어버리게 됩니다. 십자가 영광만 바라보면 등 뒤에 있는 세상도 잊어버리게 되는 것입니다.

진짜 그리스도를 만났다면 세상의 모든 것을 배설물로 여기고 가장 고상한 지식인 주님만 따라야 합니다. 십자가의 길은 따르기 쉽지 않습니다. 그 길은 놀면서 쉬면서 갈 수 없습니다. 그래서 바울은 로마 감옥 안에서 편지를 쓰면서도 나는 오늘도 달려간다고 말한 것입니다.

"내가 이미 얻었다 함도 아니요 온전히 이루었다 함도 아니라 오직 내가 그리스도 예수께 잡힌 바 된 그것을 잡으려고 달려가노라"(빌 3:12).

감옥 안에서 손과 발이 묶여 있어도 주님 안에 있는 인생은 사명이 달리고, 꿈과 비전이 달립니다. 바울은 단 하루도 멈추어 있었던 적 없이 감옥 안에서도 달리는 사람이었습니다. 마찬가지로 우리는 묶여 있지만 하나님은 감옥 안에서도 일하십니다. 그래서 우리는 어떤 모양으로도 주님의 일을 할 수 있습니다. 하나님은 오늘도 우리와 함께 달리고 계십니다. 주님은 세상 끝 날까지 우리와 함께 계시기에 우리의 삶은 단 한 번도 멈춘 적이 없다는 것을 기억하기 바랍니다.

바울은 빌립보교회 성도들에게도 강하게 권면합니다. "나는 감옥 안에서도 달리고 있는데, 자유로운 몸인 여러분은 멈추는 일이 없게 하십시오"라고 말입니다. 그러면서 유오디아와 순두게가 교회 안에서 갈등을 빚고 다투는 것을 지적했습니다. "교회가 화평의 공동체를 이루어 주신 사명을 이루기도 아까운 시간에 다투면서 언제 주의 일을 할 수 있겠습니까? 모두 한마음을 품고 달리십시오." 교회는 멈추어서는 안 됩니다. 교회는 계속 달려야 합니다. 그런데 싸우면 교회는 멈춥니다. 한마음이 되어야만 앞으로 나갈 수 있습니다.

다섯 번째, 바울은 주님이 가까이 오고 계심을 기억하라고 말합니다. 염려는 주님과 멀어질 때 찾아오는 감정입니다. 날마다 주님을 묵상하고 주님을 가까이하며 살아간다면 염려가 끼어들 틈이 없습니다.

바울은 우리가 전천후 그리스도인으로 살아야 한다고 말합니다. 가난해도 하나님을 원망하지 말고, 부자가 되어도 교만하여 하나님을 떠나지 않아야 합니다. 가난할 때는 가난한 대로 하나님께 영광을 돌리고, 부할 때는 부를 허락하신 하나님께 영광을 돌리면서 사는 전천후 그리스도인이 되어야 합니다. 가난해도 비굴하지 않고, 부자가 되어도 교만하지 않고 어떤 상황에서도 하나님께 영광을 돌리는 전천후 그리스도인으로 살기를 바랍니다.

이와 함께 바울은 섬김의 전문가들이 되라고 당부합니다. 섬기면서 받는 복이 있기에 섬기는 법을 배워야 합니다. 내가 누군가를 섬기면, 그 섬김이 하나님께 향기로운 제물로 올려진다고 했습니다. 섬기면서 받는 복을 깨달아 알기를 원합니다.

빌립보서는 은혜로 시작해서 은혜로 끝나는 성경입니다. 은혜로 시작한 빌립보서 1장이 4장 마지막 절에 다시 은혜로 마무리되는 것처럼 우리는 모든 일을 은혜로 시작해서 은혜로 마쳐야 합니다. 우리는 은혜 아니면 살아갈 수 없는 존재들이고, 은혜 안에 머물 때만 기쁨을 빼앗기지 않을 수 있습니다.